BRIDGING THE GAP

PUNTOS DE VISTA

REDACCIÓN

Genre-based Composition in Spanish

Jill K. Welch

Denison University

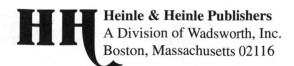
Heinle & Heinle Publishers
A Division of Wadsworth, Inc.
Boston, Massachusetts 02116

The publication of *Puntos de vista: Redacción* was directed by the members of the Heinle & Heinle College Spanish and Italian Publishing Team:

Carlos Davis, *Editorial Director*
Patrice Titterington, *Production Editor*
Cheryl Carlson, *Marketing Manager*

Also participating in the publication of this program were:

Publisher: Stanley J. Galek
Managing Developmental Editor: Beth Kramer
Developmental Editor: Nancy Siddens
Editorial Production Manager: Elizabeth Holthaus
Manufacturing Coordinator: Jerry Christopher
Project Management/Composition: HISPANEX
Text Design: DECODE, Inc.
Cover Design: Caryl Hull Design Group
Illustrators: Anne Carter, Valerie Spain
BTG Series Logo Design: Duvoisin Design Associates
Photo Research: Judy Mason

Library of Congress Cataloging-in-Publication Data

Welch, Jill K. (Jill Kristin)
      Puntos de vista en la redaccion : genre-based composition in
Spanish / Jill K. Welch.
          p.   cm.—(Bridging the gap)
      Spanish and English.
      ISBN 0-8384-4662-0
      1. Spanish language—Composition and exercises.   2. Spanish
language—Textbooks for foreign speakers—English.   I. Title.
II. Series: Bridging the gap (Boston, Mass.)
PC4420.W45   1994
808′.0461—dc20   93-43924
                                                 CIP

Manufactured in the United States of America

ISBN 0–8384–4662–0

10 9 8 7 6 5 4 3 2 1

Heinle & Heinle Publishers is a division of Wadsworth, Inc.

Table of Contents

INTRODUCTION TO THE *BRIDGING THE GAP* SERIES
JOANN HAMMADOU

The main purpose of the *Bridging the Gap* series is to provide a link between basic language work, much of it required, conducted during the first two years of university foreign language study and the increasingly diversified advanced work that language students choose to pursue.

The courses at this level usually bear some sort of composition and/or conversation label, but their curricular content may vary according to the interests of the current instructor. The curricula are often pushed and pulled among focuses on language learning, literary study, or cultural studies. Many times the pushing and pulling among these forces is worse than members of the teaching profession would ever like to admit.

The *Bridging the Gap* series is a sequence of texts in French, Spanish, and German designed to create a common ground for all of the varying agendas that compete for students' attention after the intermediate stage of language learning. There are, in fact, many areas of study in which the different perspectives on language learning intersect and can be used profitably by students at this stage. There is no need to continue divisive debates over the role of these courses when there is the option of finding what elements all three perspectives (language, literature, culture) share and providing students with more integrated programs as a result.

ORGANIZING PRINCIPLE: GENRE

Students of a foreign language have or seek to have meaningful purposes for their foreign language. They want to know what they can *do* with the language skills that they have. Mastery of a given genre provides students with a concrete accomplishment in an otherwise abstract discipline.

The concept of genre is used as the point of departure for organizing one level of the series. A genre is a class of communicative events that share communicative purpose(s). Expert authors of a given genre agree on its communicative purpose, and this rationale shapes its structure, style, and choice of content. The choice of genre as organizing principle reflects the growing diversity of interests of students continuing their language studies; genre, therefore, is not used exclusively in a literary sense.

The *Bridging the Gap* genre-based level has three components:

1. A **composition** text organized by genres

2. A **reader** containing additional and/or lengthier examples of the genres

3. A **conversation** text focusing on language functions within each genre

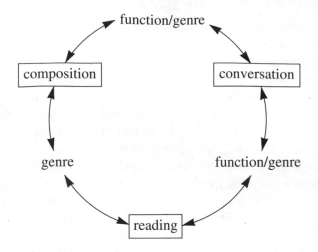

The texts can be used either concurrently or in sequence during a two-semester (third year) program. The series is flexible both in how the texts can be mixed and matched and in how materials can be used within each text. The sections within the texts are not presented in a lockstep sequence, and the order of chapters may be rearranged without difficulty and without loss of continuity.

THE COMPOSITION COMPONENT

This text gives long overdue recognition to the use of writing to foster students' understanding of the varied communicative functions of language. No longer is the sole purpose of writing merely to practice sentence-level structures and/or to support the skill of speaking or reading. When written language is used solely to provide support for the other language skills of speaking and reading, students rightly ask why they should write at all. In the *Bridging the Gap* composition text the focus is on the true purpose of writing: expressing one's own ideas as convincingly as possible.

The pedagogical approach throughout the text emphasizes the process through which a writer creates and produces a written work. Students are guided through the writing of several drafts of each paper, starting with invention and other pre-writing activities. An understanding of the form, content, style, and purpose of a given genre are delineated for the student writer. The aim, however, is not slavish attention to a model or a "write by the numbers" approach by learners. Rather, the goal is a more sophisticated understanding of content, style, audience, and organization than is usually applied to foreign language writing.

THE READER

The reader mirrors the composition text by providing lengthier examples of each genre. For each genre in the composition text, the reader provides at least two different samples. Generally, the differences will be due to the type of source of the sample (for example, a portrait from a newspaper article and a literary portrait).

The reader's samples of each genre are linked by theme. In other words, both the newspaper portrait and the literary portrait might be about "outsiders" to the target culture. In this way, the reader serves the important function of providing the theme of a course if an instructor does not want to use the genre template in conjunction with another course. The exercises and information given to students have as their purpose to enhance (1) word recognition, (2) global comprehension, and (3) understanding of cultural referents.

The reader is linked to the composition book by genres and to the conversation text by language functions as well as genres. This linkage provides an important sense of unity when the components are used simultaneously or of continuity when they are used in sequence.

THE CONVERSATION COMPONENT

It is communicative purpose as well as genre that links the conversation and composition texts. In foreign language studies communicative purposes are defined by discourse functions. And for speaking and writing alike, discourse functions at this level reflect more sophisticated goals, including sensitivity to audience, context, and, above all, content.

A guiding principle of the conversation book is that post-intermediate students should be expressing their growing awareness of social interests and issues. Their use of language should reflect not only the development of linguistic skills, but also the development of knowledge and the ability to think critically about information and ideas. To this end, activities within each chapter of the conversation book are sequenced to provide students an opportunity to sound their knowledge and opinions and to share their ideas as they learn from their peers in nonthreatening, small-group discussions.

To support the goal of having students express critical awareness of the subjects treated, a substantial selection of culturally authentic materials has been included. These materials offer a variety of information, insights, and language, and reflect the universality of ideas.

The activities in the conversation book lay the foundation for writing by offering students an opportunity to develop and test their ideas in interactive oral discourse. The reader, in turn, offers additional sources of information and language, along with activities to promote the sort of critical reflection that is the central goal of the series.

The *Bridging the Gap* approach reaches out to a student body that is increasingly diversified by blending diverse topics and styles throughout the program. All three components of the genre-based level require students to interact cooperatively, not competitively, to establish relationships, and to be participatory decision makers.

GENRE-BASED SPANISH: *PUNTOS DE VISTA*

The books at this level each have ten chapters. Each of the ten chapters focuses on a distinctive category of communication definable as a genre. In a few chapters, the focus of one of the books differs from the other two in order to illustrate communication especially useful for that particular skill. For example, because group discussion is an important part of oral communication, it is presented in Chapter 7 of the conversation book. However, this genre is not a natural one in reading and writing, so the other texts focus on heartfelt expression, a genre that students may not feel at ease with in a conversation class.

GENRES

Chapters	Redacción	Conversación	Lectura
1	portrait	portrait	portrait
2	interview	interview	interview
3	place description	place description	place description
4	investigative reporting	instructive communication	instructive communication
5	reporting a news event	reporting a news event	reporting a news event
6	narrative: folktale	narrative: accident report	narrative: story/folktale
7	heartfelt expression	group discussion	heartfelt expression
8	advertisement	advertisement	advertisement
9	reporting on factual data	reporting on factual data	reporting on factual data
10	expressing personal ideas	expressing personal ideas	expressing personal ideas

USING THE COMPLETE *PUNTOS DE VISTA* PROGRAM

Instructors may design a two-semester or term sequence with two or more texts from the **Puntos de vista** program. Each component features ten chapters based on genre that correlate with the chapters of each of the other books. Each book develops its emphasized skill area through a highly interactive process approach.

USING ALL THREE TEXTS

A two-semester or term sequence into which instructors incorporate all three texts may be designed by devoting alternate weeks to corresponding chapters or parts of chapters of the books. For example, to cover a genre, instructors could implement a pattern such as the following:

Week 1   **Puntos de vista: Lectura**

Introduction to the genre plus one or two of the readings, depending upon length. Focus on student text as well as pair and group interaction and upon building reading skills and strategies.

Week 2   **Puntos de vista: Conversación**

The corresponding chapter in this text. Focus especially on listening and conversation activities and upon oral communication functions.

Week 3   **Puntos de vista: Redacción**

The corresponding chapter in this text. Focus on one or two of the shorter models and upon strategies for writing and editing.

Instructors will find among the chapters much complementary material that builds and reinforces the skills developed and the content presented in the individual components. Utilizing this plan, instructors should be able to deal with the ten genres over the course of two, fifteen-week semesters. Those instructors who wish to complete all the material of corresponding chapters or who teach shorter terms may select the genres they prefer to emphasize.

USING THE COMPOSITION TEXT AND THE READER

Instructors of post-intermediate courses may wish to use these texts together to provide students with integrated models of authentic writing, reading practice, and vocabulary development while having students work through the writing process of a specific genre. Chapter 1 in each textbook, for example, examines the portrait genre. The four very brief reading selections in the composition text are supplemented by three longer portrait models in the reader. Students are thereby given many more resources on which to base their own writing.

The composition text and the reader also complement each other in other ways. Chapter 2 of the reader presents an interview with Elena Poniatowska, an author whose work is later featured in the composition text in Chapter 7, which focuses on heartfelt expression. The reader's *Diario de lector* provides students with additional, ungraded writing practice, as they express their personal reactions to the readings. The reader may also ultimately provide students with additional ideas for their final writing projects in each chapter.

USING THE COMPOSITION AND CONVERSATION TEXTS

The conversation and composition texts may readily be used in combination the same semester, as they are related both in function and genre. For example, the first chapter of both books begins with a focus on description of an individual. Both give strategies on how personal description is realized in Spanish, relying on examples provided from authentic texts. Since spoken language differs in many ways from the written word, the strategies discussed in the two books are different. Nevertheless, all of the strategies represent valid ways to describe oneself and, in many cases, can be used in both oral and written contexts.

The conversation text discusses how one can use the strategies of humor and anecdotes in describing oneself to maintain listener interest. These strategies can also be used in written works that address a more informal context. The composition text examines the use of simile and metaphor, which can also be used in spoken language. In this way, both texts expand the students' repertoire of strategies of expression in a given genre.

Thus, either book can be used in conjunction with the other in a balanced manner, or as supplementary material. In a conversation course, for example, the composition text might be used as written reinforcement of study done on a given genre. These assignments could be required on a daily basis, or one class per week could be devoted to the discussion of the written work. The instructor could then exemplify the contexts in which the different strategies would be most appropriate. Likewise, the conversation book could be used to supplement the composition class by stimulating discussion beyond the scope of the written text.

PREFACE

GENERAL DESCRIPTION OF THE TEXT

Puntos de vista: Redacción is the genre-based composition text for Heinle
& Heinle's five-part ***Bridging the Gap*** Spanish series. It is intended for use
by students who have already completed an intermediate course in Spanish.
Like the reader and conversation components of the series, the composition
text is designed to bridge the gap between the study of beginning levels of
Spanish language and the study of Hispanic literature at the upper levels.
Puntos de vista: Redacción addresses the need for appropriate composition
materials to enhance the articulation between those two very different
requirements of the typical college Spanish curriculum.

The fundamental goal of *Puntos de vista: Redacción* is to provide students with a variety of effective strategies and meaningful opportunities to
express themselves clearly and creatively through writing. This textbook
also seeks to familiarize students with the voices of many writers throughout the Hispanic world.

Students will enhance their writing skills in Spanish by means of the
following features:

- **All-Spanish** presentation

- **Interactive approach** to writing

- Attention to the **process of writing**

- Increasingly more challenging activities in each chapter

- Substantive, **authentic reading models** from literary and non literary
  sources

PUNTOS DE VISTA: REDACCIÓN: GENRE-BASED WRITING

Each of the ten chapters focuses on a distinct category of communication
definable as a **genre:**

Chapter 1 El retrato

Chapter 2 La entrevista

Chapter 3 La descripción de lugar

Chapter 4 El reportaje de investigación

Chapter 5 El reportaje de noticias

Chapter 6 La narrativa

THE CHAPTER STRUCTURE

Each of the ten chapters of *Puntos de vista: Redacción* presents a structure that leads students through a progression of graded reading, writing, and group activities that culminate in a substantial student composition. Initial chapter activities are designed to introduce and define the genre, build vocabulary, and prepare students for chapter readings. For easy reference to work accomplished, students may be asked to keep a notebook of all exercises for each chapter.

AUTHENTIC READINGS

Each chapter includes one reading of substantial length or several shorter readings. Each reading serves not only as an example of the chapter's genre, but also as a model of good writing, and as the basis for small-group discussion. All readings are authentic selections from literature, magazines, and newspapers published in the Spanish-speaking world. The wide variety of readings in this textbook provides the student with many opportunities to read, write, and talk about significant topics in preparation for advanced courses in literature and culture.

WRITING ACTIVITIES

Writing activities are designed to engage students ***actively*** in developing the skills that will allow them to communicate insightfully about the world around them. Activities within each chapter are sequenced in logical progression from moderately difficult to more challenging, the final product being a substantive composition using the genre and language functions presented in the chapter. For each example of a given genre, students participate in writing activities that have been organized into four main sections:

I. INTRODUCCIÓN AL GÉNERO

In this section, students are briefly introduced to the chapter genre. This introduction places the genre in the context of real-world writing.

II. OBSERVACIÓN

PREPARACIÓN

These writing tasks precede each reading. They are designed to build familiarity with the genre, preview the context and structure of the reading, and introduce key features such as characters, setting, tone, voice, and audience. This section particularly encourages paired or small-group activities in brainstorming, vocabulary-building, and experimentation with writing to prepare for the subsequent reading. Where necessary, this section provides a brief review of particularly challenging points of grammar found in the reading.

LECTURA

This section completes the students' preparation for reading by providing a brief portrait of the author and the work, followed by the reading itself and appropriate glosses in Spanish of unfamiliar vocabulary.

REFLEXIÓN

Individual and small-group writing activities further students' interactions with the readings and with each other by seeking dialogue and lengthier paragraphs based on their understanding and interpretations of the readings. Writing tasks in this section are varied yet still somewhat controlled, providing students with many opportunities for written expression before they narrow their focus for the final chapter composition.

III. REDACCIÓN

This section is composed of individual, progressively more complex writing activities designed to guide students toward a substantial final composition reflecting the chapter genre. This section addresses matters of organization such as preparing outlines, writing the first draft and subsequent revisions, and proofreading.

Another significant component of this section of *Puntos de vista: Redacción* is its emphasis on peer review as an effective strategy for writing well and as an example of the vital and dynamic communication inherent in the art of writing. Through this very challenging interaction, students will develop an acute awareness of audience even as they turn inward in search of their own, unique voices.

In some situations of peer review, students will be asked to read their papers aloud in paired or small groups and to take notes on feedback they receive from members of their group. On other occasions, they will exchange drafts and write comments directly on a fellow student's paper or share their ideas in a small group. Each chapter will provide step-by-step directions for completing this key element of the writing process.

IV. SÍNTESIS

This section is a brief summary of the chapter genre and how it relates to other genres in the textbook.

USING THIS TEXT

PACING AND FLEXIBILITY

Given that composition courses are by nature exceptionally labor-intensive for both students and instructors, *Puntos de vista: Redacción* is designed for maximum flexibility. It is well suited, for example, to a ten-week course of lower enrollment, in which students could conceivably complete one chapter each week. Instructors of ten-week courses of higher enrollment may choose to do fewer chapters, allowing students more time to revise their final chapter compositions, allowing instructors more time to read students' compositions, and allowing for individual teacher-student conferences. Instructors of semester courses should find ample time to complete all ten chapters of *Puntos de vista: Redacción,* as well as to provide time for revisions of student papers and individual conferences with students about their writing.

Those instructors who choose to use this textbook independently of the conversation and reader components in this series will find that many of the writing exercises in *Puntos de vista: Redacción* function equally well as small-group conversation exercises. Instructors will also find a variety of reading selections in each chapter of this textbook.

INSTRUCTOR SUPPORT

The chapter notes, which appear in the **Instructor's Manual** for *Puntos de vista,* contain suggestions for teaching specific selections. They also suggest possible supplementary activities for more advanced students, as well as for those with weaker preparation in Spanish. *Puntos de vista: Redacción*, furthermore, contains suggestions for managing the many papers generated by composition courses, and offers options for grading final papers.

ACKNOWLEDGEMENTS

I wish to express my deep appreciation to the many people who contributed to the writing of this textbook, beginning with the entire Heinle & Heinle *Bridging the Gap* editorial and author teams. Special thanks to Stan Galek, Vice President; Carlos Davis, Editorial Director; Nancy Siddens, Developmental Editor; Patrice Titterington, Production Editor; JoAnn Hammadou, Series Editor; Marge Demel (Content-based Reader—*Facetas*); Cheryl Carlson, Marketing Manager; and Kimberly Ethridge, Assistant Editor—all of whom provided their support and wisdom. At Hispanex, I would like to thank José Blanco, Pedro Urbina-Martin, Silvina Magda, and Susana Thomson.

I would also like to express my appreciation to the following reviewers for their insightful comments during the development of the manuscript for this book: Jennifer Rae Krato, *University of Alabama;* Barbara Lafford, *Arizona State University;* Esther Levine, *College of the Holy Cross;* Keith Mason, *University of Virginia;* Connie Montross, *Clark University;* Sandra Rosenstiel, *University of Dallas;* Elvira Swender, *Syracuse University;* and Joe Wieczorek, *Loyola College–Maryland.*

Many thanks also to students and faculty at Denison University who contributed to this project: students of Spanish 413, Advanced Composition and Stylistics, for their candor in reacting to manuscripts in progress, and their classmate Gretchen Glaser, who helped select readings for Chapter 6, *El cuento tradicional.* Special thanks to my talented student assistant and personal mind reader, Melissa Husman, who not only took care of everything I asked of her, but also everything I forgot to ask. My appreciation to faculty members Dr. William H. Clamurro (Modern Languages), for his 24-hour lending library; Dr. James P. Davis (English), for his generous contributions regarding peer review in Chapter 1, *El personaje inolvidable,* and aspects of advertising in Chapter 8, *Publicidad;* and Dr. Christine McIntyre (Modern Languages), for her invaluable help with Chapter 10, *Introducción al ensayo.* I am also grateful to Dr. Donna R. Long and students of The Ohio State University for pilot testing these materials, and, closer to home, I extend personal thanks to Jean L. Welch and to Charles Lectka for their enduring inspiration and guidance.

And finally, my greatest appreciation goes to my husband, Scott B. Potter, who tirelessly led dozens of excursions with Bryan and Kristin during the many months I was home, as our children explained, "writing a story."

Jill K. Welch

CAPÍTULO 1

EL PERSONAJE INOLVIDABLE

I. GÉNERO: EL RETRATO

¿En qué le hace pensar la palabra "retrato"? ¿En un cuadro famoso del Museo del Prado? ¿En una foto formal de su primer día de escuela? Aunque la palabra evoca retratos específicos *visuales,* existen también diversos retratos *escritos.* Estos retratos pintan, con palabras, el aspecto exterior e interior de los rasgos físicos, psicológicos y emocionales de una persona. En este capítulo realizará varios retratos, es decir, se representará por escrito a sí mismo, y representará a sus amigos y parientes, así como a personajes de la literatura y de su imaginación. Dedicará buena parte del tiempo a expresarse con imágenes cautivantes y vívidas. Puesto que

Don Quijote de la Mancha, el personaje más famoso de la literatura española.

no es posible reproducir a una persona en un retrato escrito, aprenderá a escoger con destreza los detalles que mejor comunican y describen lo esencial de una persona.

II. OBSERVACIÓN

PREPARACIÓN

A. Piense Ud. un momento en personajes famosos o populares que
    correspondan a las categorías indicadas a continuación. Puede tratarse
    de personas reales o ficticias, según la categoría. Puesto que los retra-
    tos escritos comprenden más que el aspecto físico, aquí será posible
    también penetrar en los rasgos psicológicos del personaje.

    1. Escriba un nombre en la categoría Nº 1.

    2. Piense en un adjetivo que describa fielmente a la persona.
        Escríbalo en la segunda columna.

    3. Por último, escoja y escriba un sustantivo asociado con la persona.

	Nombre	Adjetivo	Sustantivo
a. cine/teatro			
b. música			
c. literatura			
d. política			
e. televisión			
f. su universidad			

B. Ahora, en cada categoría, escriba un título apropiado para la biografía
    de las personas mencionadas.

    Título de la biografía:

    1. cine/teatro:

    2. música:

    3. literatura:

    4. política:

    5. televisión:

    6. su universidad:

C. Ahora, para cada personaje de la lista, escriba un renglón de introduc-
    ción similar a las de los programas de entrevistas o los espectáculos de
    televisión.

CH. Por último, imagine la tumba de los seis personajes escogidos. Escriba un epitafio leal para cada difunto. Los epitafios deben describir la vida de las personas o sus contribuciones a la sociedad... que en paz descansen.

D. Sus compañeros de clase deberán adivinar los nombres de la lista. Un estudiante escogerá una categoría, y usted le ofrecerá la información siguiente. De este modo será posible comprobar la eficacia de los detalles escogidos:

1. adjetivo

2. sustantivo

3. título (menos el nombre del personaje)

4. renglón de introducción

5. epitafio

E. Contemple la eficacia y la precisión de las palabras y frases utilizadas arriba. Por ejemplo, ¿alguien adivinó correctamente el nombre del personaje después de mencionar un solo adjetivo? ¿Qué adjetivo era? Comenten entre todos las palabras más reveladoras que se escogieron.

F. El buen escritor siempre tiene presentes a sus lectores. En grupos de dos estudiantes, escriban un breve comunicado de prensa sobre el personaje de cualquier categoría. Usen la imaginación para ampliar la descripción de dicha persona y tengan presentes los siguientes puntos:

1. ¿Cómo se llama la persona y cuáles son los datos biográficos?

2. ¿En qué aspectos del personaje se centrará el comunicado?

3. ¿En que periódico o revista se publicará?

4. ¿A qué tipos de lectores está dirigido?

5. ¿Qué estilo será informativo e interesante para el lector?

G. Reúnanse con otro grupo. Lean en voz alta el comunicado de prensa. Luego harán comentarios en cuanto a (a) nivel de interés, (b) datos y hechos que respaldan la información, (c) claridad, (d) uso de vocabulario y (e) estructuras gramaticales.

MÁS PREPARACIÓN: ADJETIVOS

Antes de redactar un retrato, es importante repasar el uso de los adjetivos.
Este ejercicio le ayudará a ampliar el vocabulario, una labor constante
cuando se trata del estudio de otro idioma, además de prepararlo para la
comprensión de las lecturas que siguen.

1. Explique en voz alta o por escrito el significado de los siguientes adje-
    tivos que aparecen en las lecturas de este capítulo. Si desea ver la
    palabra en su contexto, búsquela en la lectura correspondiente. Luego,
    escriba un antónimo (palabra con significado contrario) sin limitarse a
    un solo ejemplo. ¿Es posible que un adjetivo no tenga contrario?

    Crónica de una muerte anunciada: primera, anterior, escondido,
    angosta, lento, corta, estrecho, natural, mismo, raro

    Nada menos que todo un hombre: oficial, viviente, fresco, fatal, recón-
    dita, vieja, brumosos, últimas, definitivas, supremo, común, estúpidos,
    profundo

    La familia de Pascual Duarte: gruesa, larga, chupada, cetrina, hondas,
    tísica, desabrida, violenta, cano, enmarañada, malignas

    El otro niño: distinto, rico, feo, derecha, triste

2. Ahora, utilice los adjetivos en frases originales.

LECTURA 1

Crónica de una muerte anunciada (1981)
Gabriel García Márquez
El renombre del prosista colombiano Gabriel García Márquez es internacional;
le fue otorgado el Premio Nobel de Literatura en 1982. El narrador de
Crónica de una muerte anunciada regresa al pueblo veintisiete años
después del incidente. Quiere reconstruir los acontecimientos anteriores
al asesinato, pero cada pregunta provoca otras.

Gabriel García Márquez

Crónica de una muerte anunciada

Bayardo San Román, el hombre que devolvió a la esposa, había venido por primera vez en agosto del año anterior: seis meses antes de la boda. Llegó en el buque semanal[1] con unas alforjas[2] guarnecidas[3] de plata que hacían juego con las hebillas de la correa y las argollas[4] de los botines[5]. Andaba por los treinta años, pero muy bien escondidos, pues tenía una cintura angosta de novillero, los ojos dorados, y la piel cocinada a fuego lento

---

...tenía una cintura angosta de novillero, los ojos dorados, y la piel cocinada a fuego lento por el salitre.

---

por el salitre. Llegó con una chaqueta corta y un pantalón muy estrecho, ambos de becerro natural, y unos guantes de cabritilla[6] del mismo color. Magdalena Oliver había venido con él en el buque y no pudo quitarle la vista de encima durante el viaje. "Parecía marica[7]", me dijo. "Y era una lástima, porque estaba como para embadurnarlo[8] de mantequilla y comérselo vivo." No fue la única que lo pensó, ni tampoco la última en darse cuenta de que Bayardo San Román no era un hombre de conocer a primera vista.

    Mi madre me escribió al colegio a fines de agosto y me decía en una nota casual: "Ha venido un hombre muy raro." En la carta siguiente me decía: "El hombre raro se llama Bayardo San Román, y todo el mundo dice que es encantador, pero yo no lo he visto."

---

1. cada semana   2. talega, bolsa   3. adornadas, embellecidas   4. anillos
5. botas de cuero   6. piel de un animal pequeño como cordero o cabrito
7. homosexual   8. untar

Reflexión

A. Una descripción viva de Bayardo San Román de esta selección es la que emplea el sentido del gusto, por ejemplo: ". . . estaba como para embadurnarlo de mantequilla y comérselo vivo". Escriba la descripción de nuevo, utilizando otros sentidos —tacto, oído, vista u olfato. Sea lo más creativo posible. Comparta sus frases con otros de la clase.

Estaba como para...

B. Deténgase un momento en el concepto de "conocer a primera vista" que se menciona en la lectura anterior. Luego responda a estas preguntas:

¿Es posible conocer a alguien a primera vista?

¿Le molesta que muchos le juzguen así?

¿Hace usted lo mismo con otras personas?

¿Qué tipo de "primera vista" generalmente le impresiona más?

C. Describa brevemente a una persona —limitándose a su aspecto exterior— que le haya causado mucha impresión a primera vista. Elija con cuidado los detalles más descriptivos.

CH. Describa el estereotipo de la vestimenta de un estudiante de su universidad.

LECTURA 2

Nada menos que todo un hombre
Miguel de Unamuno

Miguel de Unamuno era miembro de la Generación del 98, un grupo de escritores españoles preocupados por el futuro de España. *Nada menos que todo un hombre* es la historia de un padre que busca marido para su hermosa hija, Julia, de quien todo el mundo está enamorado.

---

1. ¿Cómo interpreta usted el título de esta selección? ¿Qué significa para usted la frase "todo un hombre"? Escriba o discuta con otros lo que supone que irá a leer en la selección. Luego, haga una breve descripción de alguien que es "todo un hombre".

2. La selección que sigue comienza con estas siete sencillas palabras: "La fama de la hermosura de Julia..." Escriba *brevemente* lo que piensa que irá a leer de Julia.

3. ¿Y si la lectura comenzara con "La fama de la *fealdad* de Julia"? Describa sus nuevas impresiones de Julia.

MIGUEL DE UNAMUNO
Nada menos que todo un hombre

La fama de la hermosura de Julia estaba esparcida por toda la comarca que ceñía[1] a la vieja ciudad de Renada; era Julia algo así como su belleza oficial, o como un monumento más, pero viviente y fresco, entre los tesoros arquitectónicos de la capital. "Voy a Renada —decían algunos— a ver la Catedral y a ver a Julia Yáñez." Había en los ojos de la hermosa como un agüero de tragedia. Su porte inquietaba a cuantos la miraban. Los viejos se entristecían al verla pasar, arrastrando tras sí las miradas de todos, y los mozos se dormían aquella noche más tarde. Y ella, consciente de su poder, sentía sobre sí la pesadumbre[2] de un porvenir fatal. Una voz muy recóndita, escapada de lo más profundo de su conciencia, parecía decirle: "¡Tu hermosura te perderá!" Y se distraía para no oírla.

El padre de la hermosura regional, don Victorino Yáñez, sujeto de muy brumosos antecedentes morales, tenía puestas en la hija todas sus últimas y definitivas esperanzas de redención económica. Era agente de negocios, y éstos le iban de mal en peor. Su último y supremo negocio, la última carta que le quedaba por jugar, era la hija. Tenía también un hijo; pero era cosa perdida, y hacía tiempo que ignoraba su paradero.

—Ya no nos queda más que Julia— solía decirle a su mujer—; todo depende de cómo se nos case o de cómo la casemos. Si hace una tontería, y me temo que la haga, estamos perdidos.

—¿Y a qué le llamas hacer una tontería?

---

1. rodeaba, estaba alrededor de   2. tristeza, disgusto

—Ya saliste tú con otra. Cuando digo que apenas si tienes sentido común, Anacleta...

—¡Y qué le voy a hacer, Victorino! Ilústrame tú, que eres aquí el único de algún talento...

—Pues lo que aquí hace falta, ya te lo he dicho cien veces, es que vigiles a Julia y le impidas que ande con esos noviazgos estúpidos, en que pierden el tiempo, las proporciones[3] y hasta la salud las renatenses todas. No quiero nada de reja, nada de pelar la pava; nada de novios estudiantillos.

—¿Y qué le voy a hacer?

—¿Que le vas a hacer? Hacerla comprender que el porvenir y el bienestar de todos nosotros, de ti y mío, y la honra, acaso, ¿lo entiendes...?

—Sí, lo entiendo.

—¡No, no la entiendes! La honra, ¿lo oyes?, la honra de la familia depende de su casamiento. Es menester que se haga valer.

—¡Pobrecilla!

—¿Pobrecilla? Lo que hace falta es que no empiece a echarse novios absurdos, y que no lea esas novelas disparatadas que lee y que no hacen sino levantarle los cascos[4] y llenarle la cabeza de humo.

—¡Pero y qué quieres que haga...!

—Pensar con juicio, y darse cuenta de lo que tiene con su hermosura, y saber aprovecharla.

—Pues yo, a su edad...

—¡Vamos, Anacleta, no digas más necedades! No abres la boca más que para decir majaderías. Tú, a su edad... Tú, a su edad... Mira que te conocí entonces...

—Sí, por desgracia...

Y separábanse los padres de la hermosura para recomenzar al siguiente día una conversación parecida.

Y la pobre Julia sufría, comprendiendo toda la hórrida hondura de los cálculos de su padre. "Me quiere vender —se decía—, para salvar sus negocios comprometidos; para salvarse acaso del presidio." Y así era.

Y por instinto de rebelión, aceptó Julia al primer novio.

—Mira, por Dios, hija mía —le dijo su madre—, que ya sé lo que hay, y le he visto rondando la casa y hacerte señas, y sé que recibiste una carta suya, y que le contestaste...

—¿Y qué voy a hacer, mamá? ¿Vivir como una esclava, prisionera, hasta que venga el sultán a quien papá me venda?

—No digas esas cosas, hija mía...

—¿No he de poder tener un novio, como le tienen las demás?

—Sí, pero un novio formal.

> Una voz muy recóndita, escapada de lo más profundo de su conciencia, parecía decirle: "¡Tu hermosura te perderá!" Y se distraía para no oírla.

---

3. oportunidades   4. hacerle concebir ilusiones de conseguir algo

—¿Y cómo se va a saber si es formal o no? Lo primero es empezar. Para llegar a quererse, hay que tratarse antes.

—Quererse..., quererse...

—Vamos, sí, que debo esperar al comprador.

—Ni contigo ni con tu padre se puede.

Así sois los Yáñez. ¡Ay, el día que me casé!

—Es lo que yo no quiero tener que decir un día. *insolent*

Y la madre, entonces, la dejaba. Y ella, Julia, se atrevió, afrontando a todo, a bajar a hablar con el primer novio a una ventana del piso bajo, en una especie de lonja, *kind* *First market*

honra, dinero, belleza

REFLEXIÓN

A. ¿Era ésta la descripción de "la belleza de Julia" que esperaba? En caso contrario, ¿qué esperaba? ¿Qué piensa de esta técnica para expresar la belleza de esta mujer? Explique su respuesta.

B. En grupo de dos o tres, definan el concepto moderno de la belleza. ¿Es todo físico o hay algo más? Si no están de acuerdo, escriban sus interpretaciones y luego hagan comparaciones.

C. Haga una descripción física de Julia —una descripción fiel a la lectura original. Practique el uso de los cinco sentidos: vista, tacto, oído, olfato y gusto.

LECTURA 3

La familia de Pascual Duarte
Camilo José Cela

El español Camilo José Cela, ganador del Premio Nobel de Literatura en 1989, es novelista, escritor de viajes, cuentista y poeta. *La familia de Pascual Duarte* es una novela en la cual Pascual Duarte escribe cartas desde la cárcel en las que se confiesa. Las cartas describen su niñez, su familia y las circunstancias que provocaron el asesinato de su madre.

Camilo José Cela

Camilo José Cela
La familia de Pascual Duarte

De mi niñez no son precisamente buenos recuerdos los que guardo. Mi padre se llamaba Esteban Duarte Diniz, y era portugués, cuarentón cuando yo niño, y alto y gordo como un monte. Tenía la color tostada y un estupendo bigote negro que se echaba para abajo. Según cuentan, cuando joven le tiraban las guías para arriba, pero, desde que estuvo en la cárcel, se le arruinó la prestancia, se le ablandó la fuerza del bigote y ya para abajo hubo de llevarlo al sepulcro. Yo le tenía un gran respeto y no poco miedo, y siempre que podía escurría el bulto y procuraba no tropezármelo; era áspero y brusco y no toleraba que se le contradijese en nada, manía que yo respetaba por la cuenta que me tenía. Cuando se enfurecía, cosa que le ocurría con mayor frecuencia de lo que se necesitaba, nos pegaba a mi madre y a mí las grandes palizas por cualquiera la cosa, palizas que mi madre procuraba devolverle por ver de corregirlo, pero ante las cuales a mí no me quedaba sino resignación dados mis pocos años. ¡Se tienen las carnes muy tiernas a tan corta edad!

> **Cuando se enfurecía, cosa que le ocurría con mayor frecuencia de lo que se necesitaba, nos pegaba a mi madre y a mí las grandes palizas por cualquiera la cosa...**

Ni con él ni con mi madre me atreví nunca a preguntar de cuando lo tuvieron encerrado, porque pensé que mayor prudencia sería el no meter lo perros en danza, que ya por sí solos danzaban más de lo conveniente; claro es que en realidad no necesitaba preguntar nada porque como nunca faltan almas caritativas, y menos en los pueblos de tan corto personal, gentes hubo a quienes faltó tiempo para venir a contármelo todo. Lo guardaron por contrabandista; por lo visto había sido su oficio durante muchos años, pero como el cántaro que mucho va a la fuente acaba por romperse, y como no hay oficio sin quiebra, ni atajo sin trabajo, un buen día, a lo mejor cuando menos lo pensaba —que la confianza es lo que pierde a los valientes—, le siguieron los carabineros, le descubrieron el alijo, y lo mandaron a presidio. De todo esto debía hacer ya mucho tiempo, por que yo no me acuerdo de nada; a lo mejor ni había nacido.

Mi madre, al revés que mi padre, no era gruesa, aunque andaba muy bien de estatura; era larga y chupada y no tenía aspecto de buena salud, sino que, por el contrario, tenía la tez cetrina[1] y las mejillas

---

1. color gris, verde y amarillo que sugiere enfermedad

hondas y toda la presencia o de estar tísica[2] o de no andarle muy lejos; era también desabrida[3] y violenta, tenía un humor que se daba a todos los diablos y un lenguaje en la boca que Dios la haya perdonado, porque blasfemaba las peores cosas a cada momento y por los más débiles motivos. Vestía siempre de luto y era poco amiga del agua, tan poco que si he de decir la verdad, en todos los años de su vida que yo conocí, no la vi lavarse más que en una ocasión en que mi padre la llamó borracha y ella quiso como demostrarle que no le daba miedo el agua. El vino en cambio ya no le disgustaba tanto y siempre que apañaba[4] algunas perras, o que le rebuscaba[5] el chaleco[6] al marido, me mandaba a la taberna por una fresca que escondía, para que no se la encontrase mi padre, debajo de la cama. Tenía un bigotillo cano por las esquinas de los labios, y una pelambrera enmarañada y zafia[7] que recogía en un moño, no muy grande, encima de la cabeza. Alrededor de la boca se le notaban unas cicatrices[8] o señales, pequeñas y rosadas como perdigonadas[9], que según creo le habían quedado de unas bubas malignas que tuviera de joven; a veces, por el verano, a las señales les volvía la vida, que les subía la color y acababan formando como alfileritos[10] de pus que el otoño se ocupaba de matar y el invierno de barrer[11].

> Ni con él ni con mi madre me atreví nunca a preguntar de cuando lo tuvieron encerrado...

---

2. sufriendo una enfermedad en que hay fiebre y ulceración de algún órgano   3. áspera, severa   4. cogía, tomaba   5. buscar con cuidado   6. tipo de chaqueta corta sin mangas   7. grosera   8. señal o huella de una herida   9. herida que produce un tiro con perdigones, un tipo de pájaro   10. joyas pequeñas, broches   11. limpiar

REFLEXIÓN

A.   Usando el pasaje de Cela como inspiración, descríbase a sí mismo o a un pariente en un día malo.

B.   Ahora, sea positivo y describa a la misma persona en un día bueno, concentrándose en los atributos más agradables.

"El otro niño"
De *Los niños tontos,* Ana María Matute
Ana María Matute, nacida en Barcelona en 1926, es considerada una
de las grandes novelistas de su generación. Los protagonistas de
muchas de sus obras son niños y adolescentes que viven en un
mundo intolerable. "El otro niño" es una selección de *Los niños tontos,*
una novela compuesta de 21 relatos breves.

Esta lectura describe a un niño *distinto.* Antes de leer la selección, haga lo
siguiente:

1. Discuta con otros o escriba lo que se considera un niño "típico" y
    luego una niña "típica" en esta sociedad. ¿Era usted así en su niñez?

2. Pensando en la influencia del *punto de vista* en una descripción, des-
    críbase a sí mismo como niño/niña, según algunas de las siguientes
    personas: (a) su mamá, (b) su papá, (c) un hermano o una hermana,
    (d) un abuelo, y por último, (e) usted mismo.

ANA MARÍA MATUTE
"El otro niño"

Aquel niño era un niño distinto. No se metía en el río, hasta la cintura, ni buscaba nidos, ni robaba la fruta del hombre rico y feo. Era un niño que no amaba ni martirizaba a los perros, ni los llevaba de caza con un fusil de madera. Era un niño distinto, que no perdía el cinturón, ni rompía los zapatos, ni llevaba cicatrices en las rodillas, ni se manchaba los dedos de tinta morada. Era otro niño, sin sueños de caballos, sin miedo de la noche, sin curiosidad, sin preguntas. Era otro niño, otro, que nadie vio nunca, que apareció en la escuela de la señorita Leocadia, sentado en el último pupitre, con su juboncillo de terciopelo malva, bordado en plata. Un niño que todo lo miraba con otra mirada, que no decía nada porque todo lo tenía dicho. Y cuando la señorita Leocadia le vio los dos dedos de la mano derecha unidos, sin poderse despegar, cayó de rodillas, llorando, y dijo: "¡Ay de mí, ay de mí! ¡El niño del altar estaba triste y ha venido a mi escuela!".

REFLEXIÓN

A. En su mayor parte, este cuento breve no se dedica a una descripción del "otro niño", sino al niño común y corriente. Compare su descripción del niño típico (Ejercicio 1) con la de Matute.

B. Ahora, piense en una persona —mujer, hombre, o niño— que Ud. considera *distinto*. Descríbala al estilo de Matute (¿cómo *no* es esta persona?).

MÁS REFLEXIÓN

También es importante desarrollar un estilo en las obras escritas. Al realizar un retrato, por ejemplo, el autor quiere que el lector vea o perciba la imagen que describe. Se puede lograr una imagen eficaz mediante el uso del **símil** o de la **metáfora,** que son figuras retóricas que relacionan cosas de diferentes categorías. Lea los dos ejemplos siguientes de *Nada menos que todo un hombre* (de Unamuno) que contienen ejemplos de símil y metáfora:

El **símil** emplea la palabra *como:*

> Era Julia algo así como su belleza oficial,
>
> o como un monumento más, pero viviente
>
> y fresco, entre los tesoros arquitectónicos
>
> de la capital.

La **metáfora** no emplea la palabra *como*:

> El padre de la hermosura regional, don Victorino
>
> Yáñez... era agente de negocios, y éstos
>
> le iban de mal en peor. Su último y supremo
>
> negocio, la última carta que le quedaba por
>
> jugar, era la hija.

A. Identifique y discuta las comparaciones que hace Unamuno entre Julia y otros entes en los ejemplos que anteceden.

B. Ahora, escoja a una persona a quien conoce bien y admira mucho —una persona que ha influido mucho en su vida. En homenaje a esa persona, haga una breve descripción de la misma. Desarrolle y amplíe la imagen mediante el uso del símil y/o metáfora.

III. REDACCIÓN

El último proyecto de este capítulo consiste en redactar un retrato amplio; el profesor informará del alcance del mismo. He aquí algunas expresiones que puede emplear; tenga en cuenta que **no** deben constituir el comienzo del retrato:

1. Antes yo era... pero ahora soy

2. Tengo celos de

3. Estoy enamorado/enamorada de (o Estaba...)

4. La persona que quisiera ser

5. Un pariente único

6. El niño/la niña de mis ojos

7. Es fácil odiar

8. De toda la literatura del mundo, el personaje de

9. En la tierra mítica de

10. (idea individual)

BOSQUEJO

A. Antes de trazar un bosquejo, considere lo siguiente y responda honestamente:

1. ¿A quién escogió para el retrato? ¿Por qué?

2. ¿Cuál es su actitud personal ante esta persona?

3. ¿Qué impresión de esta persona quiere dejar en el lector? ¿Cómo va a lograrla?

4. ¿Cuáles son los detalles más eficaces que se pueden emplear aquí? ¿En qué orden va a ponerlos? ¿Por qué?

5. ¿Qué detalles va a omitir? ¿Por qué?

6. ¿Qué tono quiere establecer en este retrato? ¿Por qué?

7. ¿Desde qué perspectiva va a escribir este retrato? ¿Por qué?

B. Ahora, siga con estas sugerencias:

1. Escriba todos los adjetivos acerca de la persona que se le ocurran.

2. Piense en los elementos de las lecturas que le han impresionado más e intente imitarlos.

3. Identifique los cinco sentidos y cuáles puede usar con eficacia en su redacción.

4. Experimente con el uso del símil y la metáfora en su descripción.

5. Haga una lista de los detalles relacionados con la persona de su retrato. Subraye los detalles más importantes.

6. Intente organizar los elementos de los ejercicios A y B; considere varias posibilidades antes de decidirse por una de ellas.

C. Trace un bosquejo considerando las decisiones tomadas en los ejercicios anteriores.

BORRADOR

A. Prepare un borrador considerando el bosquejo. No olvide los dos principios básicos para escribir un buen retrato: detalles bien escogidos e imágenes vívidas.

B. Después de terminar el borrador pero antes de compartirlo con otros, responda a estas preguntas:

1. ¿Qué impresión suscita la primera frase de su borrador? ¿Es interesante o aburrida? ¿Es suficientemente creativa? No menosprecie la importancia de la primera frase, pues debe atraer la atención del lector, además de introducir el tópico.

2. ¿Ha incluido todos los detalles necesarios para dejar la impresión que quería? Debe quedar muy claro para el lector lo que usted desea comunicarle.

3. ¿Podrá el lector u oyente seguir la organización del ensayo?

4. ¿En qué consiste la última frase? ¿Deja en el lector una impresión vívida y memorable? Examínela cuidadosamente.

5. ¿Ha logrado el tono que deseaba? Subraye las palabras o frases que establecen el tono.

C. Señale todos los aspectos *positivos* y *negativos* de su trabajo y **las evidencias** que los sostienen.

CH. Revise el trabajo según las respuestas anteriores, experimentando con otras posibilidades en cuanto a organización, selección de detalles y la primera y última frase.

D. Otro ejercicio muy útil en el proceso de la redacción es *leer en voz alta* lo que se ha escrito. A menudo se decide efectuar cambios o se descubren errores.

E. Por último, considere las preguntas de la guía que se presenta a continuación:

GUÍA PARA ESCRITORES Y CORRECTORES

1. **Autosuficiencia:** ¿Hay información suficiente para introducir el tópico al lector?

2. **Enfoque:** ¿Sobra información o detalle? ¿Falta información o detalle?

3. **Desarrollo:** ¿Están los diversos aspectos del retrato suficientemente desarrollados?

4. **Significado:** ¿Está claro cuál es el punto central del retrato? ¿Es superficial o profundo el retrato?

5. **Cohesión:** ¿Satisface toda la información el punto central del retrato?

6. **Tono:** ¿Es el tono del retrato coherente con el tópico? ¿Es apropiada la actitud del autor ante el tópico?

7. **Organización:** ¿Contribuyen todas las secciones del retrato explícitamente a la tesis? ¿No hay repeticiones innecesarias? ¿Anticipa el lector la próxima frase, el próximo párrafo, o es el discurso confuso? ¿Hay transiciones apropiadas entre las ideas? ¿Hay una conclusión verdadera o simplemente una síntesis de lo anterior? ¿Termina enfáticamente el retrato?

8. **Párrafos:** ¿Contribuye cada párrafo a la tesis? ¿La primera frase de cada párrafo pone énfasis en el punto central del párrafo? ¿Hay una organización lógica de cada párrafo? ¿Son coherentes los párrafos? Es decir, ¿están las frases en un orden lógico?

9. **Estilo:** ¿Evita el autor el uso excesivo de la voz pasiva y del verbo *ser*? ¿Hay variedad en la estructura y longitud en las frases? ¿Contiene metáforas o símiles el retrato? ¿Hay algo excepcional o eficaz en el retrato? ¿Parece sincero?

10. **Gramática:** Marque sólo las frases donde definitivamente hay problemas gramaticales u ortográficos.

11. **Observación general y sugerencias:** En un papel aparte, haga sus comentarios, elogios y sugerencias específicos según las observaciones anteriores. No haga ninguna crítica negativa a menos que pueda especificar ejemplos concretos.

COMENTARIOS

Para muchos estudiantes de redacción es difícil en un comienzo compartir su creación con los demás miembros de la clase. Se siente timidez y vergüenza al presentar el propio trabajo a extraños, especialmente si se trata de un trabajo creativo y personal, si el semestre apenas ha comenzado y los estudiantes todavía no se conocen bien. Por eso, aquí se presenta una breve guía para el intercambio de retratos en la clase:

1. Trabajen en grupos de tres o cuatro estudiantes. Se sugiere mantener los mismos grupos durante todo el semestre.

2. Un estudiante lee su redacción en voz alta al grupo

3. Los demás miembros del grupo escuchan; no escriben nada la primera vez.

4. Se lee la redacción otra vez mientras los demás escriben observaciones.

5. Sólo se permiten *observaciones;* no se permiten opiniones.

6. No se dice nada de mala fe.

7. El autor del borrador escucha las observaciones y toma apuntes.

La *observación* es algo concreto y objetivo; no es una opinión. Esto implica que al indicar la evidencia que apoya una determinada observación del grupo, todos deberán estar de acuerdo. Se deben presentar **evidencias** para todas las observaciones. Por ejemplo, si el escritor emplea repetidamente una palabra en su retrato, el oyente dirá, "Usted emplea la palabra *increíble* cuatro veces en el primer párrafo." No debe decir, sin embargo, "Me molestó que..." o "Emplea demasiado...". En consecuencia, será el escritor y no el oyente, quien tenga la responsabilidad de *evaluar* las observaciones.

CORRECCIONES

1. Trabaje con un ejemplar limpio de la redacción.

2. Anote en la misma las correcciones.

REVISIÓN

1. Copie la redacción incorporando todas las consideraciones anteriores.

2. Lea la revisión detenidamente antes de entregarla al profesor.

IV. SÍNTESIS

No cabe duda de que usted ya tiene, en su lengua materna, un estilo personal, un sistema fijo y favorito de redactar. Empero, es cosa bien distinta redactar en otro idioma. Posiblemente ya haya descubierto el esfuerzo que conlleva crear y organizar un retrato —tanto al seleccionar los detalles e imágenes adecuados como al procurar emplear la gramática correcta. Será necesario, por lo tanto, reservar tiempo suficiente para completar la redacción. Dicho de otro modo: *No empiece hoy la redacción que espera tener finalizada mañana.*

❧❧ CAPÍTULO 2 ❧❧

ENTREVISTA

"Juzga a un hombre no por sus respuestas sino por las preguntas que hace."
—Voltaire

I. GÉNERO: LA ENTREVISTA

Un pasatiempo popular es ver, leer o escuchar entrevistas a personas que nos fascinan. La entrevista, un
recurso del periodismo, sirve para inducir a un personaje, mediante preguntas oportunas, a revelar
aspectos desconocidos y sorprendentes de sí mismo.
Tanto las entrevistas escritas como las orales nos
ofrecen la oportunidad de escuchar a gente famosa o
infame, inaccesible al público, como si estuviéra-
mos hablando con ella.

El reportaje en la calle constituye uno de los recursos informativos más utilizados.

   Los mejores entrevistadores logran más que respuestas; estimulan a despejar las apariencias permi-
tiendo una visión íntima de la persona. En este capítulo, tendrá la oportunidad de leer y analizar tres
entrevistas distintas —una a Juan March Cencillo, el "vástago bohemio de
la familia más rica de España"; otra a Isabel Allende, "uno de los más cumplidos talentos literarios de la generación posterior a García Márquez"; y la
tercera a Carlos Santana, "el más famoso rockero mexicano".

   También, como proyecto final entrevistará, ante un público, a otro
miembro de su clase, quien a su vez lo entrevistará a usted o a un hispanohablante de su universidad o comunidad.

❧ ❧ ❧ ❧ ❧ ❧ ❧ ❧ ❧ ❧ ❧ ❧

II. Observación

Preparación

Las diez etapas de la entrevista

1. **Definir la finalidad de la entrevista.** Tendrá más éxito si enuncia explícitamente la finalidad de la entrevista.

2. **Hacer indagaciones.** Se necesita hacer indagaciones sobre la vida del entrevistado para saber qué preguntarle y, si es necesario rebatir sus respuestas.

3. **Solicitar la entrevista.** Pregúntese esto: ¿Por qué podría interesarle a esta persona concederme una entrevista? Disponga por lo menos de una razón válida para persuadir al personaje que acepte ser entrevistado. Sea positivo.

4. **Planear bien la entrevista.** El entrevistador tiene que preparar y planear bien el desarrollo de la entrevista para sentirse seguro de sí mismo. Esto le permitirá desviarse de las preguntas preparadas cuando sea necesario.

5. **Establecer confianza entre entrevistador y entrevistado.** En los primeros minutos de contacto, el entrevistado lo juzga pensando: ¿Es sincero? ¿Sensible? ¿Capaz de representarme en esta entrevista?

6. **Empezar la entrevista.** Proceda con calma. Hay que producir mucha conversación para sacar una joya. No espere obtener mucho al principio de la entrevista.

7. **Escuchar activamente.** El buen entrevistador observa las reacciones del entrevistado ante las preguntas. No le haga preguntas perturbadoras, molestas o aburridas.

8. **Hacer una pregunta sobre un tema espinoso.** El entrevistador tiene que explorar los rasgos negativos del entrevistado. Hay que hacerlo gradualmente, tal vez hablando primero de lo negativo de otras personas.

9. **Recuperar la discusión anterior.** Indique por qué la información recogida es interesante y valiosa.

10. **Concluir la entrevista.** Terminar la entrevista con gracia es un desafío para el entrevistador novato. El momento oportuno para la conclusión puede establecerse desde un principio. De lo contrario, pregunte al entrevistado si desea expresar algo más. Pida permiso para conversar con él en otra ocasión si quedan preguntas pendientes.

Estas etapas de la entrevista y los ejercicios que siguen le ayudarán a comprender las entrevistas presentadas en este capítulo y a preparar su propia entrevista. En esta sección se repasa el uso de palabras y frases interrogativas.

A. Vea a continuación unos ejemplos de palabras y frases interrogativas útiles organizados por etapas de la vida.

1. La niñez:

   ¿Dónde vivía de niño/niña?

   ¿Cómo era de joven?

   ¿Quiénes eran sus mejores amigos?

   ¿Qué trabajo hacían sus padres?

   ¿Cuántos de sus compañeros de la escuela secundaria fueron a la universidad? **¿Qué** hicieron los demás?

   ¿Cuándo decidió seguir una carrera universitaria?

2. En la actualidad:

   ¿Por qué escogió esta universidad?

   ¿Qué estudia este año?

   ¿Cuál de sus clases le ha ayudado más?

   ¿Cuántos semestres le faltan para graduarse?

   ¿Cómo compara su vida universitaria con la vida de joven en la casa? ¿Está más contento ahora?

   ¿Es verdad que ...?

3. El futuro:

   ¿Adónde le gustaría más viajar? ¿Por qué?

   ¿Qué trabajo le interesa más?

¿**Para qué** necesita saber bien el español?

¿**Cómo** intenta lograr la felicidad en su vida?

Para conocer mejor a la persona que está sentada a su lado, hágale estas preguntas.

B.   Debe tener presente que en su calidad de entrevistador usted quiere que el entrevistado hable, que sea comunicativo, no sólo que conteste las preguntas. Hay dos categorías de preguntas:

a.   las *preguntas convergentes*

preguntas de **una** sola respuesta: ¿En qué año nació?

preguntas de **Sí** o **No**: ¿Está casado?

b.   las *preguntas divergentes*

preguntas de **muchas** respuestas posibles:

¿Qué piensa de la crisis económica de nuestra universidad?

Usando los adverbios interrogativos del ejercicio A como guía, cambie estas preguntas *convergentes* a preguntas *divergentes*.

Ejemplo: ¿Era un chico travieso? (sí/no)
           ¿Cómo era de niño? (Requiere una respuesta descriptiva.)

1.   ¿Le gustan sus estudios en la universidad?

2.   ¿Se divirtió el fin de semana pasado?

3.   ¿Piensa trabajar después de graduarse?

4.   ¿Tiene muchos exámenes finales este semestre?

5.   ¿Cómo se llama su compañero de cuarto? ¿Se lleva bien con él?

C.   Ahora, compare las nuevas preguntas del ejercicio B con las de otros miembros de la clase. Comenten las semejanzas y las diferencias. Elijan las mejores.

CH. Ahora ya están listos para organizar una breve entrevista a otro miembro de la clase. Cada par de estudiantes necesitará una grabadora y una cinta.

1. Primero, definan la finalidad de la entrevista y escriban las preguntas que anticipan usar. Pueden usar los mismos tópicos del ejercicio A, aunque no hace falta hacer las mismas preguntas. Si quieren, la persona entrevistada puede asumir el papel de una persona famosa, pero no es necesario.

2. Prendan la grabadora y hagan la primera entrevista y luego la segunda.

D. Obviamente, no es posible anticipar todo lo que habrá de ocurrir en una entrevista. Al escuchar la cinta de su entrevista, observen cómo en ocasiones han tenido que alejarse de las preguntas preparadas de antemano para hacer preguntas *complementarias* y *lógicas*.

1. Indiquen las preguntas complementarias que oyen.

2. Escriban y hagan otras preguntas si todavía les falta información.

E. Efectúe ahora un análisis del resultado de las preguntas que se usaron en la entrevista anterior:

1. ¿Qué preguntas suscitaron las respuestas más breves? ¿Más informativas?

2. ¿Cuáles suscitaron las reflexiones más profundas?

3. ¿Qué combinación de pregunta y respuesta le gustó más? ¿Por qué?

4. ¿Cuál fue la combinación de pregunta y respuesta más aburrida? ¿Cómo se puede mejorarla?

5. ¿Qué palabras y expresiones escogió con mayor frecuencia para realizar las preguntas complementarias? Anote algunos ejemplos extraídos de la conversación.

F. Piense ahora en las diferencias entre la preparación de una entrevista y la redacción de un retrato como lo hizo en el Capítulo 1. ¿Cuáles son las diferencias entre los dos medios? ¿Preferiría leer una entrevista o una descripción de su actor favorito? Considere la finalidad de los dos géneros en el cuadro que sigue:

	Entrevista	Retrato
1.	_____	_____
2.	_____	_____
3.	_____	_____

G. Escriba un retrato breve e informativo de la persona entrevistada. No transcriba la entrevista; cite las mejores preguntas y respuestas para ampliar su retrato. Luego, léalo ante un grupo pequeño de las clase. Los demás integrantes del grupo harán preguntas complementarias al entrevistado. Comenten los aspectos positivos y negativos de las entrevistas de su grupo.

H. En el Capítulo 1 leyó el retrato de un personaje de fuerte carácter: la Mamá Duarte. Imagínese que va a entrevistarla. Indique la revista en que se publicará la entrevista, y luego escriba esta entrevista imaginaria.

BREVE REPASO DEL SUBJUNTIVO IMPERFECTO

hablar	
hablara	hablase
hablaras	hablases
hablara	hablase
habláramos	hablásemos
hablarais	hablaseis
hablaran	hablasen

A. En la entrevista que sigue, se usa la forma **-se** del imperfecto del subjuntivo y también la forma **-ra**. Lea y diga en otras palabras las siguientes frases:

1. "Pasolini se despidió de nosotros diciendo que se iba a no sé dónde *para que le pegasen*."

2. "Mi padre estaba encantado *de que yo hiciera lo que me diera la gana.*"

3. "Incluso me llegó a pedir *que escribiera* letras para sus canciones."

4. "Probablemente *si no representara el personaje* que estoy aprendiendo a representar, viviría mucho peor de lo que vivo."

B. Complete las frases a continuación empleando el imperfecto del subjuntivo:

1. Mis padres nunca permitían que mis hermanos y yo...

2. Estábamos encantados de que...

3. Mi primer compañero de cuarto siempre me pedía que...

4. Me volvería loco si...

5. (frase original)

C. Típico de la lengua hablada, en la entrevista que sigue, Juan March Cencillo usa varias expresiones útiles e interesantes. Con sus propias palabras, escriba en español una perífrasis de la frase en itálica:

1. "*Y que conste que* yo no soy nada aficionado ni a la parapsicología…"

2. "*Por lo visto,* la mosca es como el diablo… "

3. "...y *tampoco me pareció que era para tanto.*"

4. "…me miraron *como a un bicho raro…*"

5. "…aunque me dolió *enterarme* de su muerte…"

6. "La verdad es que *yo también le tenía un poco de manía a Pasolini…*"

7. "…nos relajábamos y *hacíamos risas, travesuras y picardías.*"

8. "Evidentemente, *no tengo que ir con pico y palo,* ni hacer un trabajo de oficina."

9. "…*si pasas el día pensando en las musarañas te pegas un tiro.*"

10. "*Prefiero no decir ni mu.*"

"Entrevista a Juan March Cencillo"
Lola Díaz

La siguiente es una entrevista a Juan March Cencillo, miembro de la familia banquera más rica de España, y hombre ya de mediana edad. La entrevista apareció en 1991 en *Cambio 16,* una revista informativa muy popular en España. Habla de su vida estudiantil en Roma y en Londres, de su trabajo artístico, y de las consecuencias de vivir rodeado de tanta riqueza. La entrevistadora, Lola Díaz, le hace preguntas breves, mientras March le responde con más detalle.

Juan March Cencillo

"Entrevista a Juan March Cencillo"

El vástago bohemio de la familia más rica de España se confiesa admirador de su padre y su abuelo, aunque políticamente se aparta de "quienes le dan de comer".

—¿Te sientes el bohemio de los March?

—Sé que se dice eso de mí, y creo que con razón. Cada uno nace para lo que nace y yo creo que puedo tener talento para algunas cosas, pero ganar dinero no es lo mío.

—¿Eso ha sido bien visto por tus padres?

—Es que mi padre es un poco como yo. Es un señor que se ha dedicado a comprar obras de arte y a conocer artistas y, en el fondo, está muy contento de que yo haya hecho lo que él no ha podido hacer, quizás por pertenecer a otra generación y tener a mi abuelo encima.

—¿Tan terrible era tu abuelo?

—Lógicamente, dada la fuerza que ha tenido mi abuelo no se puede decir que no haya tenido una gran importancia. Es una persona a la que admiro mucho, sobre todo ahora, que tengo la edad que tengo.

—¿De pequeño le admirabas menos?

—Cuando yo era muy pequeño recuerdo a mi abuelo como una persona bastante tierna y muy cariñosa, a la que le gustaban mucho los pajaritos. Mi abuelo conversaba con los pajaritos, le echaba miguitas de pan aunque también es cierto que después se comía a los tordos con gran fruición.

—Debe de ser estupendo eso de nacer rico, como tú, y poder viajar continuamente y no tener que trabajar para vivir...

—Bueno, yo también tengo que trabajar para vivir. Probablemente si no representara el personaje que estoy aprendiendo a representar, viviría mucho peor de lo que vivo. Evidentemente, no tengo que ir con pico y pala, ni hacer un trabajo de oficina.

—¿Qué es lo que tienes que hacer?

—Lo que para mí es una maravilla es no tener un horario, como todos los que hacemos un trabajo artístico. Pero no queda la menor duda de que hay que trabajar para vivir, porque si te pasas el día pensando en las musarañas te pegas un tiro. Hay un momento en el que se te acaban todos los temas: los ligues, el amor, la familia, los viajes, la diversión.

> **...creo que tengo talento para algunas cosas, pero ganar dinero no es lo mío.**

—¿Y qué te queda?

—No sé, pero te aseguro que no trabajar enloquece mucho. Yo he tenido momentos en los que no he hecho nada y he estado absolutamente desesperado. Yo he tenido depresiones enormes, depresiones terroríficas en mi vida. Ahora, sin embargo, en el mes de agosto, con esto de las conferencias, en lo que trabajo muchísimo, soy muy feliz.

—No me digas que tú te deprimes por no poder trabajar...

—En mi caso, la depresión está unida a la pérdida del amor. Por eso la depresión puede tener una cura tan fácil: se trata de encontrar a alguien que te quiera un poquitito. Yo tuve una depresión muy fuerte, algo que creo que coincidió con la famosa crisis de los 40 años. Fue tremendo. Acababa de volver a mi país, me encontraba muy solo, tenía una vida afectiva muy mala y el mundo se me cayó encima.

—¿Qué hiciste?

—Aunque no soy muy aficionado a esas cosas, me puse en manos de un famoso psiquiatra. Lo que ocurre es que a mí me gusta más la medicina china, es decir, la acupuntura. Por eso recurrí a Chen-Chu-Chin, ¿no lo conoces? Pues es maravilloso y lo visita todo Madrid. Luego también está un homeópata muy famoso y amigo mío, que hace maravillas.

—¿Quién te sacó de la depresión?

—Me fui una temporada a una clínica suiza donde, tras un tratamiento alimenta-rio y una serie de técnicas, volví lleno de energía y muy centrado. A partir de ahí decidí terminar el libro sobre Luis Salvador, el archiduque, ese fascinante personaje, que vivió en esta isla como un príncipe bohemio y que tanto me interesó desde que descubrí un álbum de postales suyas, al ocupar esta casa que me regaló mi padre y que, con anterioridad, fue suya.

—Tú has estudiado Ciencias Políticas. ¿Tienes alguna inclinación política?

—Yo no me considero para nada una persona de derechas, más bien me considero una persona de izquierdas. Lo que ocurre es que no ejerzo porque todas esas cosas me han desilusionado.

—¿En qué sentido?

—Pues cuando haces una carrera como Ciencias Políticas sabes perfectamente cuál es la teoría y cuál es la práctica y todo te da un poco de risa. Yo volví a España en el momento de la transición, con Suárez, y estaba encantado porque viví ese momento con gran fruición. Lo que pasa es que ahora, como casi todo el mundo, estoy verdaderamente decepcionado.

—¿Con el Gobierno socialista?

—Con los socialistas y con todo. Sin embargo, a pesar de que sé más de política que los que me rodean, porque es una ciencia que he estudiado, nunca hablo de política. Y mis conocimientos de política no son vagas nociones ni conversaciones

> **Por eso la depresión puede tener una cura tan fácil: se trata de encontrar a alguien que te quiera un poquitito.**

de salón a las que tan acostumbrado está el país. Cuando todo el mundo parlotea yo me quedo siempre muy calladito y nunca digo lo que yo quiero.

—**¿Por qué razón?**

—Entre otras cosas porque tengo una familia de la cual dependo. Aunque tenga una tendencia a la izquierda y me parezca todo un poco vano e ilusorio, tampoco puedo ponerme a expresar una opinión ya que estoy aceptando que me dé de comer una gente que tiene una ideología muy clara. Prefiero no decir ni mu.

REFLEXIÓN

A. Consulte la entrevista para organizar la información en estas categorías:

categoría 1: La familia

categoría 2: El dinero

categoría 3: El trabajo

B. Para estudiar la estructura de la entrevista, considere las preguntas que le hace Díaz a March. Unas fueron preparadas con anterioridad, otras son reacciones al discurso o preguntas complementarias, y otras más son preguntas divergentes y convergentes. Busque ejemplos de todas las categorías.

C. Ya que ha escrito varias preguntas para su propia entrevista a un(a) amigo(a) de clase, está ahora en condiciones de juzgar. ¿Qué piensa de las preguntas hechas por Lola Díaz? ¿Hay instantes en que hubiese querido que Díaz hiciera una pregunta diferente a March? ¿Hizo una pregunta complementaria que no estaba relacionada con la respuesta anterior? ¿En qué quería más información pero no la consiguió?

- Cite las preguntas débiles de la entrevista y explique porqué las escogió.

- Escriba las preguntas que preferiría en su lugar.

CH. Escriba o comente sobre lo que aprendemos, *no* de March, sino de la entrevistadora Díaz en esta entrevista. Use ejemplos de la entrevista misma.

D. En grupos pequeños o con toda la clase, haga una lista de adjetivos que describan a March. Defienda su posición si hay diferencias de opinión:

Juan March Cencillo es un hombre (adj.)...

E. Utilizando sólo la información recogida en esta entrevista, escriba un retrato de la personalidad y los intereses de Juan March Cencillo. Escoja citas de la entrevista para sostener su punto de vista.

F. Ahora, *lea* el retrato de otro miembro de la clase. Compare los dos retratos y defienda o rechace su posición original.

G. Si tuviera la oportunidad de entrevistar a March después de (no *en vez de*) Díaz, ¿qué le preguntaría?

LECTURA 2

"Entrevista a Isabel Allende"
Michael Moody

Con su primera novela *(La casa de los espíritus,* 1982) Isabel Allende capturó inmediatamente la atención del público internacional. Su éxito editorial, tanto en ediciones traducidas como en español, sigue siendo fenomenal. La inicial reacción crítica ha sido extraordinariamente laudatoria, hasta describirla como uno de los más cumplidos talentos literarios de la generación post-García Márquez. El 11, 18 y 25 de junio de 1985 entrevisté a Isabel Allende en su casa en Caracas. Lo que sigue de nuestras conversaciones revela opiniones, datos e información todavía inaccesibles en publicaciones norteamericanas.

Isabel Allende

"Entrevista a Isabel Allende"

(M) Como todavía no hay entrevistas publicadas contigo en E.E.UU., sería muy útil que comentaras de una manera extensa sobre tus datos biográficos y las condiciones de tu vida ahora.

(A) Yo nací el 2 de agosto de 1942 en la ciudad de Lima en el Perú. Digamos que nací allí por casualidad porque mis padres eran diplomáticos. Yo tenía 3 años cuando mis padres se separaron y mi madre regresó a la casa de mis abuelos en Santiago de Chile. Era una casa grande, antigua, sombría, con grandes habitaciones donde había unos armarios con espejos, corredores, pasillos, estanterías llenas de libros. Estaba habitada por adultos y yo era una niña más bien solitaria, casi una niña triste, pero nunca tuve tiempo de aburrirme, inventaba mis propios juegos en el patio, en el sótano, en las cocinas.

Me crié entre viejas empleadas que habían estado con la familia por larguísimo tiempo y recuerdo que en las tardes de invierno, después que regresaba del colegio, me quedaba en la cocina, el lugar más caliente de la casa, escuchando los cuentos, las historias, las anécdotas de estas viejas empleadas de la casa. Tal vez allí nació en mí el gusto por contar, el gusto por las his-

torias, por escuchar. También oía los cuentos de mi abuela. Mi abuela era un ser magnífico que de alguna manera está retratada en *La casa de los espíritus* en el personaje de Clara del Valle. Mi abuela fue importantísima en mi vida como lo fue también mi abuelo, un patriarca formidable con un bastón de plata. El siempre se vio a sí mismo como un hombre fuerte, seguro, joven, y cuando cumplió más de 90 años y estaba sentado en su sillón y yo lo vi por última vez antes de irme de Chile él seguía pensando que él era joven y así lo veía yo. Mi familia era una familia extravagante, de gente bastante rara, conocidos en Chile por su locura. Estoy hablando por supuesto de la familia de mi madre, no de la familia Allende sino de los Llona y los Barros. En realidad con la familia de mi padre tuve muy poco contacto. Era hijo único, primo hermano de Salvador Allende y cuando desapareció de nuestra vida se acabó todo contacto con él y con su madre que era una señora viuda. El único miembro de la familia Allende con el cual tuvimos relación fue con Salvador Allende que en aquella época era senador y no pensaba aún en la presidencia. Fue más tarde cuando se definió su candidatura presidencial

> En ese colegio de monjas inglesas en donde estuve, llevé una vez la *Filosofía del Tocador* del Marqués de Sade y lo leía en clase a una edad en que otros niños leen cuentos de hadas.

pero ya entonces estaba mezclado en política y había sido ministro de educación. Él estuvo siempre presente en nuestras vidas. Me eduqué siempre en colegios ingleses y de allí me quedó una falsa flema[1] británica que nunca me funciona y que trato de emplear cada vez que me encuentro ante una situación desesperada... y siempre me falla.

Me enseñaron desde pequeña a leer la Biblia, a temer a Dios. Esas cosas me las enseñaron en el colegio porque en la casa se burlaban de todo eso, eran laicos, muy liberales, casi ateos, libre pensadores todos. En ese colegio de monjas inglesas en donde estuve, llevé una vez la *Filosofía del Tocador* del Marqués de Sade y lo leía en clase a una edad en que otros niños leen cuentos de hadas. Esas santas mujeres se tranquilizaron con la palabra filosofía y como jamás habían oído hablar del noble perverso, no me quitaron el libro. Aprendí algo de inglés, aprendí a cantar himnos religiosos también en inglés, aprendí sobre la historia de Inglaterra y viví así, como tantos otros niños que tuvieron ese tipo de educación en un país que nada tenía que ver con Inglaterra, muy lejos y con una mentalidad completamente diferente, sintiéndome siempre como un miembro del *British Empire*.

> **Me gustaba contar cuentos, me gustaba contar historias y andaba siempre a la caza de escucharlas, de oír las conversaciones de los grandes.**

Cuando yo cumplí más o menos 10 años mi madre se casó con otro diplomático, Ramón Huidobro, un hombre extraordinario que ha sido realmente mi padre y con él nos tocó viajar muchísimo. Vivimos en varios países y eso me dio, supongo, una cierta visión del mundo, una cierta capacidad de adaptación, pero me dejó para siempre el deseo de echar raíces, de tener amigos eternos, de formar una familia y quedarme en el mismo lugar como un árbol bien plantado. Cuando tenía 15 años, regresé a Chile porque a mis padres los destinaron a Turquía y era muy difícil educarnos allá en ese momento. Había muchos problemas. Mi madre y mi padrastro decidieron que era mejor mandarme de vuelta a Chile para que yo terminara mi educación y conociera un poco mejor mi propio país. Allí conocí al que hoy es mi marido, a Miguel Frías. Era un estudiante de ingeniería. Cuando cumplí 17 años salí del colegio, no sabía qué quería estudiar, estaba muy desconcertada y empecé a trabajar como secretaria en *the Food and Agriculture Organization* en las Naciones Unidas. Un día se presentó una vacante en el departamento de información de la FAO y yo postulé para ocupar ese puesto, que era también de secretaria, pero por lo menos ya no se trataba de unos

---

1. fig.: tardanza y lentitud en las operaciones

árboles invisibles sembrados en remotas regiones del mundo, sino que podía trabajar en una cosa más concreta: el periodismo. Fui aceptada en ese puesto y los diferentes jefes que tuve me ayudaron, me enseñaron y me dieron la oportunidad de hacer un programa de televisión, con la Campaña Mundial Contra el Hambre. Así es como me inicié en televisión, muy temprano, casi con el nacimiento de la televisión en Chile, en la época en que aquello se hacía en forma artesanal, sumamente primitiva. Era una televisión completamente diferente de la que existe hoy y creo que más apasionante, mucho más simpática en todo caso. No creo que en aquella época yo tuviera ningún interés literario, salvo mi amor por la lectura. Me gustaba contar cuentos, me gustaba contar historias y andaba siempre a la caza de escucharlas, de oír las conversaciones de los grandes. Más tarde me casé con Miguel. Tuvimos una niña primero, Paula, y nos fuimos entonces a Europa becados a Bélgica. Él fue a estudiar algo relacionado con su profesión y yo a la *Radio et Télévision Belge* donde tuve una beca también. Recorrimos Europa en carpa[2] con una mochila a la espalda y un niño en los brazos y esperando otro porque en ese viaje

> ...sentí que mi vida se partía con un hachazo, como las vidas de tantos otros chilenos que tuvieron que salir del país exiliados o que estuvieron presos, que murieron o desaparecieron.

quedé esperando mi segundo hijo, Nicolás. Poco antes que naciera Nicolás regresamos a Chile. Mi marido empezó su trabajo y yo me quedé en casa traduciendo novelitas rosas del inglés. Me sentía tan cansada con el embarazo que no podía trabajar fuera de la casa y desde mi silla, mientras tejía botines para el bebé, traducía estas novelitas que me parecían espantosas, machistas, terribles. A medida que iba traduciendo, supongo que algo dentro de mí se removía y al final las historias empezaban a deformarse, a desequilibrarse y les cambiaba los finales. Así es como el joven de sienes plateadas y mandíbula cuadrada terminaba cuidando leprosos en la isla de Pascua y la muchacha de senos mórbidos y labios turgidos terminaba en Sicilia vendiendo armas. Por supuesto que mi trabajo no duró mucho porque cuando se dieron cuenta de que yo cambiaba los finales me echaron del trabajo. En eso nació Nicolás y a poco de nacer mi hijo fueron a mi casa a buscarme para que trabajara en una revista que se iniciaba en Chile, la revista *Paula*. Así es como empecé a trabajar como periodista y creo que la experiencia de todos esos años en la revista *Paula* fue definitiva en mi formación. Allí aprendí lo que realmente sé,

---

2. toldo que se utiliza como refugio cuando se acampa

que no es mucho por lo demás, en materia de periodismo y aprendí a utilizar el lenguaje como un instrumento, aprendí a comunicar, eso me ha servido muchísimo en la literatura, posteriormente. Le agradezco al periodismo enormemente toda la base que me dió para poder escribir hoy novelas. Creo que una de las cosas más importantes que me dio aparte de apoderarme del lenguaje y utilizarlo a mi antojo[3], fue el interés, la curiosidad, aprender a escuchar e interesarme por la gente. Son siempre las historias de los demás las que sirven en las novelas... uno no puede sacar de sí mismo todo, no se puede inventar todo, ni imaginar todo. Siempre la realidad es más rica que cualquier cosa que uno puede soñar. Escuchando a los demás y robándome sus historias es cómo aprendí cuando trabajaba en esa revista.

> **Empecé a considerar que ya no soy chilena sino latinoamericana, que todo lo que ocurre en este enorme y prodigioso continente me importa tanto como lo que ocurre en Chile...**

(M) ¿Podrías decirme algo sobre las condiciones y el contexto en que dejaste Chile y qué relación tienes ahora con Chile?

(A) Después del golpe militar del 11 de septiembre de 1973 en Chile yo sentí que mi vida se partía con un hachazo[4], como las vidas de tantos otros chilenos que tuvieron que salir del país exiliados o que estuvieron presos, que murieron o desaparecieron. Mi familia fue muy afectada. La familia de Allende salió toda de Chile. Los que no cayeron presos o los que no murieron, salieron hacia México y luego se repartieron por el mundo. Yo me quedé con mi marido y con mis hijos porque pensé que la dictadura no podía durar, pensé que un país con tan larga trayectoria democrática como era Chile, 150 años de democracia, no iba a resistir una dictadura y que este golpe militar era un terrible accidente histórico destinado a pasar rápidamente y a ser olvidado. Me equivoqué, por supuesto, y a los pocos meses me di cuenta que la dictadura, lejos de resquebrajarse[5] o debilitarse, era cada día más fuerte y que había conseguido eliminar a cualquier asomo de oposición. Había desmembrado todas las organizaciones del país, lo único que quedaba realmente en pie como organización era la Iglesia Católica y era muy poco lo que nosotros los periodistas podríamos informar sobre lo que estaba ocurriendo. Sabíamos lo que pasaba pero había censura y autocensura de modo que no podíamos dar la información. Por otra parte, al poco tiempo fue evidente que tampoco se podía ayudar a quienes estaban en desgracia porque el círculo de la represión se hizo cada vez más

---

3. como se me dé la gana   4. en pedazos   5. fig.: debilitarse

estrecho, cada vez más feroz, cada vez más especializado. Yo tenía miedo, como teníamos miedo todos, y por último un día tomé la decisión con mi marido de salir del país. La idea de salir me aterrorizaba. Sin embargo la idea de quedarme me daba aún más miedo. Extendí con mi esposo un mapa del mundo sobre la mesa del comedor para ver dónde podíamos irnos. Buscábamos un país que fuera una democracia, que se hablara español y que se pudiera trabajar. En el año 1975 la mitad de la población de América Latina vivía bajo alguna tiranía, generalmente dictaduras militares de derecha. En muchos países no se podía entrar porque no había visa para los extranjeros, no había posibilidad de trabajo, y en otros países no hablábamos el idioma y yo como periodista solamente puedo trabajar en español. Por otra parte queríamos quedarnos en América Latina porque pensábamos que era importante estar cerca de Chile para cuando llegara el momento del retorno. Elegimos Venezuela, que era el único país que apareció ante nuestros ojos que reunía esas tres condiciones —un país libre, democrático, donde se hablaba español y donde las puertas estaban abiertas para quienes quisieran ir a buscar un nuevo destino. Llegamos a Venezuela sin conocer a nadie, sin amigos, por supuesto, sin dinero, con nuestros dos hijos y empezamos una

> **Hay bastante prejuicio en América Latina contra la literatura femenina, en realidad contra cualquier aspecto de la creatividad en la mujer.**

nueva vida. Llevamos en este país diez años y han sido diez años difíciles pero maravillosos. Esta tierra nos acogió como ha acogido a tantos extranjeros y aquí hemos formado otro hogar. Empecé a considerar que ya no soy chilena sino latinoamericana, que todo lo que ocurre en este enorme y prodigioso continente me importa tanto como lo que ocurre en Chile y hoy me duele El Salva-dor, Guatemala, Nicaragua, Bolivia, Perú tanto como me duele Chile.

(M) ¿Qué te inspiró a escribir *La casa de los espíritus?*

(A) En el año 1981 recibí una llamada telefónica de Chile en que me anunciaban que mi abuelo, que ya iba a cumplir 100 años, estaba muy cansado, había decidido morir. Dejó de comer y de beber, se sentó en su sillón con su bastón de plata, cerró la boca y decidió no hablar más tampoco y así se despidió de la vida. Yo sabía que yo no podía regresar, no podía despedirme de él, ni enterrarlo y quería decirle a mi abuelo de alguna manera que él no iba a morir. Mi abuelo tenía la teoría de que en realidad la muerte no existe. Lo que existe es el olvido y que si uno puede recordar a los que mueren, si puede recordarlos bien, siempre los va a tener consigo, van a permanecer de alguna manera vivos por lo menos en su espíritu. Eso es lo que él hizo cuando murió mi abuela. Cuando ella murió él siguió pensando que ella estaba viva, le hablaba, mantuvo su ropa en su armario y creo que lo consiguió de una manera tan efectiva que han pasado 30 años y el espíritu de mi abuela aún perdura y me acompaña y va conmigo por el mundo. Yo quería decirle a mi abuelo: "Tampoco tú vas a morir, tú también vas a vivir como vive mi abuela porque vas a estar en mi recuerdo y en el de mis hijos y en mis nietos el día de mañana." Y me senté a escribirle una larga carta para decirle todo eso, para decirle que todas las cosas que él me había contado, todo lo que habíamos vivido juntos, yo lo recordaba e iba a dejar un registro de todo ello y así comencé a escribir una larga carta. Mi abuelo murió y yo le seguí escribiendo y escribiendo cada noche, muchas horas. Al cabo de un año descubrí que había escrito 500 páginas de algo que tal vez podía ser un libro. Ya no era en todo caso una carta porque a esa historia que era la historia de mi familia, se fueron sumando otras historias que les robé a otras personas y se fue incorporando también la historia de mi país, la historia de mi continente. Así nació *La casa de los espíritus,* sin pensar nunca hasta ese momento que era un libro. Cuando llegó el

> ## Ese mundo de la violencia tiene muchas caras, la primera tal vez, y la más terrible, es la pobreza, la violencia de la pobreza, y luego hay muchas otras, la ignorancia, la miseria, la enfermedad, la vejez, la dictadura, la tortura, la muerte.

momento de poner fin a la última palabra y me di cuenta que allí había un material que podía ser una novela, lo revisé, lo releí le di un poco de forma, lo corregí. Luego fui a algunas editoriales en Venezuela a ver si podía publicarlo pero nadie se interesó. Las editoriales son renuentes[6] a publicarnos, los críticos guardan un silencio estratégico. Entonces mandé por correo mi manuscrito en dos sobres a Carmen Balcells, una agente literaria que vive en Barcelona y que es muy conocida en el medio literario porque ella es la agente literaria de los grandes escritores latinoamericanos. Creo que fue una decisión acertadísima. Sin duda mi libro nació marcado por una buena estrella. Carmen Balcells lo leyó, le gustó y en seis meses yo estaba invitada a España para el lanzamiento del libro editado por Plaza y Janés. Hoy está traducido o en proceso de traducción en todos los países occidentales.

(M) Ya se ha publicado la segunda novela, ¿podrías hacer algún comentario sobre ella?

(A) La segunda novela se llama *De amor y de sombra.* Fue publicada por Plaza y Janés en noviembre del año 1984, y en

---

6. remisas, no dóciles

estos meses ya tiene cinco ediciones. Ha tenido muchísimo éxito. En parte me imagino porque *La casa de los espíritus* le abrió el camino. Ha sido muy bien tratada por la crítica en todas partes menos en Chile, donde la crítica ha sido reticente. Se trata de una historia que toca muy de cerca la dictadura y la represión. Yo recibo constantemente cartas y llamadas telefónicas de Chile del público que la ha leído y que me refuerza y que me apoya, pero la crítica oficial no está a favor de la novela por razones que me parecen evidentes. Pero no puedo dejar de pensar que debe haber muchos críticos honestos que realmente piensan que tal vez no es buena la novela. En el resto del mundo la crítica ha sido generosa como lo fue con *La casa de los espíritus*. La novela está siendo traducida a los mismos idiomas y por las mismas editoriales que compraron los derechos para *La casa de los espíritus*. Como ya dije antes es la historia de una pareja joven, de una pareja enamorada, de una periodista y un fotógrafo que descubren un hecho policial que en apariencia no es más que un crimen que ellos desean investigar para poner en la revista donde trabajan como noticia. A medida que se van adentrando en la investigación, descubren una masacre y cruzan así esa frontera invisible que separa el mundo ordenado cuyas leyes conocemos, en el cual en apariencia vivimos, y aquel otro mundo siempre presente con otra dimensión sombría, siempre presente como digo, en nuestras vidas, que es la violencia. Ese mundo de la violencia tiene muchas caras, la primera tal vez, y la más terrible es la pobreza, la violencia de la pobreza, y luego hay muchas otras, la ignorancia, la miseria, la enfermedad, la vejez, la dictadura, la tortura, la muerte. Ellos, al cruzar esa frontera, entran en ese mundo cuyas leyes no conocen y donde tienen que sobrevivir. Es la historia de un hecho real que ocurrió en Chile en el año de 1978. En el libro nunca digo que es Chile porque quiero moverme libremente en la ficción, pero la historia está basada en hechos reales, en documentos auténticos, que llegaron a mis manos. Todo está envuelto en la atmósfera de la ficción, pero cualquiera puede reconocer que todo lo que allí se cuenta es estrictamente cierto.

"Entrevista a Carlos Santana"
Antonio Mejías-Rentas
Según el entrevistador Antonio Mejías-Rentas, Carlos Santana es el
"más famoso rockero mexicano... Cuando toca su guitarra parece un
sacerdote envuelto en un alto ritual. Un concierto de Santana es
siempre una experiencia religiosa."

ANTONIO MEJÍAS-RENTAS
"Entrevista a Carlos Santana"

Así como el estilo musical de Carlos Santana es definido por su singular manejo de la guitarra, la vida del más famoso rockero mexicano está definida por una filosofía de hermandad global y de positivismo. Siempre se despide citando una frase favorita de su "gurú" Bob Marley: "el futuro es brillante, positivo y fructífero."

> **A mi entender hace falta otra revolución de conciencias. Hay demasiada gente vendiendo barato a su propia gente.**

En escena, Santana mantiene el control con poco esfuerzo, como si su comunicación con sus colegas músicos fuese telepática. Cuando toca su guitarra parece un sacerdote envuelto en un alto ritual. Un concierto de Santana es siempre una experiencia religiosa.

En persona, Carlos Santana es un tipo sencillo y honesto. Hace un par de meses, después de un concierto, recibió a dos visitantes que habían venido desde la selva amazónica para verlo. Le obsequiaron figuras talladas de animales extintos, víctimas del progreso humano. Conversaron largo rato. El prometió ayuda; habló de su plan de unificar a todos los grupos nativos de todas las Américas para 1992.

Fue un momento especial para los que lo observamos, quienes sólo pudimos callar y disfrutarlo.

Con Carlos Santana es fácil conversar: sobre todo porque tiene una formada opinión; para todo tiene una respuesta.

En la entrevista habló honestamente sobre su música, sus viajes a México, sus creencias políticas y religiosas, y su reciente arresto —y sentencia— por posesión de marihuana.

Lo más fácil fue hablar sobre su música.

¿Cómo te sientes sobre tu actual grupo?

Me siento muy feliz, muy agradecido. Durante los conciertos europeos le tomaba al público unos 35 minutos enfriarse después de la última canción. Eso es señal de que la agrupación es buena.

Para mí, tocar música es como participar en una miniolimpiada. Tengo que estar rodeado por tres elementos, como dice (el percusionista) Armando Peraza: aguante, estabilidad, y una gran disposición. Para estar con este grupo, se necesita tener estas tres cosas.

¿Qué tal fue tocar en la ciudad de México por primera vez este año?

Fue grandioso: un *grandslam* espiritual con todas las bases llenas.

¿Cambiaron lo suficiente las cosas en México como para que decidieras, por fin, actuar allá?

Sí. Yo he estado consciente de que durante los últimos cuatro o cinco años, México ha estado cambiando, porque tiene que cambiar, no tiene otro recurso. La mayoría de la población tiene menos de 20 años de edad. Quieren cambio, quieren flexibilidad. El Gobierno mexicano y yo hemos olvidado nuestras rencillas para que yo pueda ayudar, en la capacidad que sea, a los niños pobres de México, y también a los indios.

Yo sé que tienes ideas muy específicas sobre cómo se debe conmemorar el 500° aniversario de la llegada de Cristóbal Colón a América.

Es cierto. Cuando yo me enteré de que el presidente Reagan autorizó cinco mil millones de dólares para celebrar a Colón, pensé que eso era obsceno.

Pero nosotros no queremos conflictos con el Gobierno. Tenemos nuestras propias ideas, nuestra visión de lo que queremos celebrar. Se va a llamar "Nuestros colores", y será por lo menos un gran concierto en Norteamérica. Queremos celebrar nuestros propios colores, y el espíritu de cómo sobrevivimos 500 años de genocidio colonial. Será otro Woodstock. Esto me da más estímulo e inspiración que cualquier otra cosa... excepto el tener hijos.

¿Se han logrado las metas de Woodstock en los últimos 20 años?

A mi entender hace falta otra revolución de conciencias. Hay demasiada gente vendiendo barato a su propia gente. Yo no endorso las marchas de papel picado (en celebración de la guerra del Golfo). Eso fue el primer round.

> **Si quieren hacer guerra contra las drogas, que ataquen a Reagan, a Bush, a Poindexter, a North...**

Todo es predecible. La guerra de Vietnam, las guerras romanas, la guerra de Hitler, la próxima guerra... son todas predecibles. Se trata de avaricia.

Hay un nuevo lema en este país: "La libertad no es gratis." Nos están diciendo lo mismo que dicen las mafias chinas (en San Francisco).

Yo creo en la Constitución fundamental de este país, no en los políticos y grupos religiosos que quieren mantener a América atada, amordazada e ignorante. Los días de esclavitud se acabaron cuando Lincoln firmó la abolición. ¿Por qué son esclavos todavía los negros y los mexicanos?

Yo no creo en la violencia, pero no creo que haya que tolerar mierda. Yo creo que las condiciones existen porque las toleramos. El Muro de Berlín cayó porque ya nadie lo toleró.

¿Te consideras rebelde?

Absolutamente. Ser un rebelde... Thomas Jefferson lo dijo mejor: "La rebelión contra la tiranía es obediencia a Dios". Eso fue Jesucristo, un rebelde. Y ya sabes, trataron de eliminarlo. Lo mismo hicieron con King, Gandhi, y Bob Marley.

¿Qué tienes que decir sobre tu arresto en Houston?

Fue (una oportunidad) para disminuir la velocidad y estudiar lo que estoy haciendo. Quiero tener más cuidado, porque lo que yo quiero hacer no le conviene a mucha gente.

Pude ver el dolor de la gente dentro de una celda. Honestamente, yo no creo que el que yo tenga dos cigarros de marihuana vaya a corromper moralmente a este país. Yo nunca la he vendido. Los indios americanos la usan, y continuarán usándola, como el peyote. Yo no creo que todo el mundo deba fumar marihuana, pero el alcohol es más peligroso.

¿Qué te parece la guerra contra las drogas?

Si quieren hacer guerra contra las drogas, que ataquen a Reagan, a Bush, a Poindexter, a North... los que verdaderamente están trayendo drogas fuertes al país, intercambiándolas por armas.

REFLEXIÓN

A. Compare y contraste las tres entrevistas en cuanto a *finalidad, preguntas, lectores y nivel de interés.*

B. Ahora, haga comparaciones y contrastes entre los tres entrevistados: March, Allende y Santana. En su opinión, ¿qué entrevistador realizó la mejor entrevista? Razone su respuesta.

III. REDACCIÓN

Elija entre los siguientes proyectos de redacción. Consulte la guía **Las diez etapas de la entrevista** presentada al principio de este capítulo.

PROYECTOS EN COLABORACIÓN

Proyecto Nº 1: Utilice la entrevista que hizo con otro estudiante al principio de este capítulo y trabajen juntos de nuevo. Ahora, los dos planearán y harán entrevistas más amplias y más profundas que las anteriores que realizaron como experimento. Supongan que una de las entrevistas va a aparecer en una publicación universitaria dirigida a los padres, graduados y simpatizantes de la universidad; cada semestre escogen a un estudiante como figura central.

La otra entrevista aparecerá en la revista estudiantil. Escriban la entrevista apropiada para cada revista, citando palabra por palabra las preguntas y respuestas más interesantes y empleando breves retratos descriptivos cuando sea necesario.

No olviden pensar bien en cuál es *la finalidad* de las dos entrevistas y en *sus lectores*.

BOSQUEJO

1. Escribir la finalidad de cada entrevista.

2. Decidir qué se necesita incluir en la introducción.

3. Organizar las preguntas/respuestas en forma lógica.

4. Preparar retratos breves.

5. Escribir la conclusión.

COMENTARIOS

Compartirán ahora sus entrevistas con un grupo pequeño antes de entregárselas al profesor. Consideren estos puntos:

1. ¿Son significativas y directas las preguntas de la entrevista?

2. ¿Hay correspondencia entre las respuestas y las preguntas?

3. ¿Hay preguntas complementarias adecuadas a todos los comentarios inexplicados?

4. ¿Se presentan las entrevistas en orden lógico?

5. ¿Hay suficiente material de interés en la entrevista?

6. ¿Se han transmitido la voz y el espíritu de la persona entrevistada o simplemente quedan las palabras sin vida?

7. ¿Se corrigieron todos los errores de gramática y de ortografía?

8. ¿Son adecuadas las introducciones y las conclusiones?

9. ¿Están satisfechos con las entrevistas en conjunto? ¿Cuál es la mejor de las entrevistas?

10. ¿Cuál es la más débil? ¿Cómo pueden mejorarla?

Proyecto Nº 2: Suponga que una locutora famosa de una estación televisiva se encuentra en su ciudad universitaria hablando con varias personas para conocer mejor la universidad y sus estudiantes. La locutora ha escogido a un miembro de la clase como representante universitario y quiere entrevistar a todas las personas que lo conocen bien. Produzca las entrevistas *en video*.

Sugerencias:

1. su profesor/profesora de redacción describe a su clase y a usted en particular

2. su compañero/compañera (o ex) de cuarto habla de cómo es vivir con usted

3. sus amigos hablan de usted según sus perspectivas personales

4. usted habla de su decisión de estudiar en esta universidad, mencionando tanto la vida académica como la vida social

PROYECTO INDIVIDUAL

Pida a un hispanohablante de su ciudad universitaria que le conceda una entrevista. Podría tratarse de un amigo, un conocido o un profesor. Su trabajo consiste en conseguir la mejor entrevista posible —la más interesante, reveladora y entretenida. Dado que esta entrevista depende de la concesión que le hace otra persona, no quiere abusar de su tiempo. Tendrá, entonces, sólo *una* oportunidad para llevar a cabo la entrevista.

Por lo tanto necesita organizarse bien:

PREPARACIÓN

1. Reunirse con la persona entrevistada para conocerla mejor y explicarle el proyecto.

2. Pedir al entrevistado la oportunidad de llamarlo por teléfono antes de la entrevista, si fuere necesario.

3. Anticipar, evitar, o resolver problemas personales y de mecánica.

4. Usar la sección **Redacción** anterior para planear las preguntas.

5. Preparar las preguntas; revisarlas si es necesario.

ENTREVISTA

1. Llevar a cabo la entrevista, grabándola en audio (o, con ayuda, en video).

2. Escuchar bien al entrevistado para hacerle preguntas.

3. Preparar una introducción y una conclusión escrita.

4. Utilizar la sección **Redacción** anterior para evaluar el trabajo.

IV. SÍNTESIS

Producir una entrevista vivaz es un desafío aun para el escritor de talento y experiencia. Es difícil dominar este género, puesto que depende mucho de las contribuciones del entrevistado. No obstante, con preparación meticulosa, el escritor de una entrevista disfrutará de una experiencia emocionante y satisfactoria.

CAPÍTULO 3

LUGARES Y PAISAJES

I. GÉNERO: DESCRIPCIÓN DE LUGARES

Castilla, España. **Gormaz, castillo moro que data del año 965, cerca de la ciudad de Soria.**

Qué placer sería recorrer el mundo, ver los lugares más hermosos, conocer a mucha gente y aprender de otras culturas. Lamentablemente, tenemos que conformarnos con la descripción que otros nos ofrecen del mundo a través de fotos, películas, la televisión, cuentos orales, y de la palabra escrita.

En este capítulo usted leerá descripciones vivas de lugares impresionantes y humildes. También utilizará su creatividad para describir los lugares que conoce bien.

II. Observación

Preparación

A. En este capítulo, se dedicará a describir sus alrededores. En esta actividad en particular, recordará su pueblo. Imagínese que un visitante de su edad venga por primera vez a los Estados Unidos de un pueblo pequeño de España. Será huésped de su familia durante un semestre.

   1. Haga una lista de los lugares cerca de su casa que puedan interesar al visitante. Anote los motivos por los que los ha escogido, incluyendo adjetivos que describan cada lugar.

   2. Prepare también otra lista de lugares alejados de su casa. Describa brevemente cada lugar y explique por qué lo escogió.

B. Escriba una carta que contenga lo siguiente:

   • una introducción sobre usted y su familia

   • una breve descripción de usted para que el visitante lo reconozca en el aeropuerto

   • una descripción de los lugares de mayor interés cerca de su casa

   • una descripción de lo más atractivo de su ciudad universitaria

   • una descripción del clima que el visitante encontrará durante su estancia

Antes de comenzar a escribir, suponga que usted estuviera en la misma situación. ¿Qué información/tono/actitud le gustaría encontrar en una carta de sus anfitriones? ¿Qué temería Ud.? ¿Qué le encantaría ver y aprender?

C. Con otro estudiante, lean y comenten las dos cartas. ¿Qué impresión dejará la carta en el lector? ¿Qué actitud toma el autor? ¿Revela la carta algo de la personalidad de quien escribe? ¿Qué dudas tendrá el lector después de leer la carta? Si usted recibiera esta carta, ¿aguardaría con impaciencia su visita? Coméntelo con el escritor de la carta sin olvidar las reglas: sólo se hacen observaciones y no críticas. Escriban de nuevo la carta hasta estar ambos satisfechos.

CH. Con el/la mismo/a estudiante, escriban juntos una posdata agradable e informativa para cada carta.

D. Ahora, en grupos de dos o tres estudiantes, hagan investigaciones y escojan un sitio extraordinario en Latinoamérica o España de interés para el grupo y para los demás estudiantes de la clase. Propongan un viaje con toda la clase al lugar escogido, explicando todo lo que sea de interés e importancia para los estudiantes universitarios:

1. Preparen un bosquejo completo de la información para asegurar una organización lógica.

2. Hagan contrastes y comparaciones con sitios semejantes en los Estados Unidos u otros sitios que conocen.

3. Describan el viaje propuesto en una o dos páginas.

4. Preparen fotos o dibujos para ampliar la descripción del sitio.

5. Lean la propuesta a otro grupo, añadiendo comentarios orales cuando fuere necesario.

6. Hagan comentarios sobre la propuesta del otro grupo.

7. Pongan todos los materiales en un cuaderno para entregar al profesor.

E. La lectura que sigue es una descripción de una aldea, contada desde el punto de vista de un hombre que recuerda la aldea donde pasó su niñez.

Piense un momento en la ciudad/la aldea de su niñez. ¿Cuáles son los recuerdos más vívidos que tiene de ella? Mientras hace este ejercicio trate de imaginarse como un niño de unos diez años.

"Cuando era joven, mi ciudad/aldea era *(adjetivo)*..."

F. Ahora, describa el mismo lugar o el lugar donde vive actualmente desde el punto de vista de adulto:

"Lo más *(adjetivo)* de mi ciudad es..."

GABRIEL GARCÍA MÁRQUEZ
Cien años de soledad

Muchos años después, frente al pelotón[1] de fusilamiento, el coronel Aureliano Buendía había de recordar aquella tarde remota en que su padre lo llevó a conocer el hielo. Macondo era entonces una aldea de veinte casas de barro y cañabrava[2] construidas a la orilla de un río de aguas diáfanas que se precipitaban por un lecho[3] de piedras pulidas, blancas y enormes como huesos prehistóricos. El mundo era tan reciente, que muchas cosas carecían de nombre, y para mencionarlas había que señalarlas[4] con el dedo. Todos los años, por el mes de marzo, una familia de gitanos desarrapados[5] plantaba su carpa cerca de la aldea, y con un grande alboroto[6] de pitos y timbales daban a conocer los nuevos inventos.

---

1. grupo de soldados   2. bambú   3. terreno por donde corren las aguas de un río   4. indicarlas
5. andrajosos, harapientos, nada elegantes   6. disturbio

REFLEXIÓN

A. Piense un momento en la explicación de símil y metáfora que se halla en el Capítulo 1. ¿Ha notado algunos ejemplos de símil y metáfora en el párrafo anterior? ¿Cuáles? ¿Qué contribuyen estas imágenes a la descripción de la aldea? ¿Qué añaden estas comparaciones a sus impresiones, o *retratos mentales,* de la aldea?

B. En el breve pasaje que da comienzo a la novela *Cien años de soledad,* (de Gabriel García Márquez) el narrador describe su visita al pueblo de Macondo cuando "el mundo era tan reciente que muchas cosas carecían de nombre, y para mencionarlas había que señalarlas con el dedo". Haga una lista de lugares famosos, y luego descríbalos a la clase sin mencionar el nombre. La clase deberá adivinar de qué lugar se trata.

C. En la selección de *Cien años de soledad,* Aureliano Buendía recuerda el día en que su padre lo llevó a Macondo.

   Describa un lugar memorable que visitó en su niñez. Trate de emplear las figuras del símil o la metáfora para ampliar sus imágenes. No olvide el método de los cinco sentidos para añadir color a la descripción, ni su actitud frente a la situación, o su edad en aquella época.

LECTURA 2

CAMILO JOSÉ CELA
La familia de Pascual Duarte

Mi casa estaba fuera del pueblo, a unos doscientos pasos largos de las últimas de la piña. Era estrecha y de un solo piso, como correspondía a mi posición, pero como llegué a tomarle cariño, temporadas hubo en que hasta me sentía orgulloso de ella. En realidad lo único de la casa que se podía ver era la cocina, lo primero que se encontraba al entrar, siempre limpia y blanqueada con primor[1]; cierto es que el suelo era de tierra, pero

1. cuidado y maestría

tan bien pisada la tenía, con sus guijarrillos[2] haciendo dibujos, que en nada desmerecía[3] de otras muchas en las que el dueño había echado porlán por sentirse más moderno. El hogar era amplio y despejado y alrededor de la campana teníamos un vasar[4] con lozas[5] de adorno, con jarras con recuerdos pintados en azul, con platos con dibujos azules o naranja; algunos platos tenían una cara pintada, otros una flor, otros un nombre, otros un pescado. En las paredes teníamos varias cosas; un calendario muy bonito que representaba una joven abanicándose sobre una barca y debajo de la cual se leía en letras que parecían de polvillo de plata, "Modesto Rodríguez, Ultramarinos finos. Mérida (Badajoz)", un retrato de "Espartero" con el traje de luces dado de color y tres o cuatro fotografías

—unas pequeñas y otras de tamaño regular de no sé quién, porque siempre las vi en el mismo sitio y no se me ocurrió nunca preguntar.

...El mobiliario[6] de la cocina era tan escaso como sencillo: tres sillas —una de ellas muy fina, con su respaldo y mesa de pino, con su cajón correspondiente, que resultaba algo baja para las sillas, pero hacía su avío[7]. En la cocina se estaba bien: era cómoda y en el verano, como no la encendíamos, se estaba fresco sentado sobre la piedra del hogar cuando, a la caída de la tarde, abríamos las puertas de par en par; en el invierno se estaba caliente con las brasas que, a veces, cuidándolas un poco, guardaban el rescoldo[8] toda la noche. El resto de la casa no merece la pena ni describirlo, tal era su vulgaridad.

2. piedras pequeñas   3. era inferior comparándola con   4. tipo de tapa o armario que se pone en la cocina
5. cerámica   6. muebles   7. cumplía su función   8. brasa que sigue quemando

REFLEXIÓN

A. Comente la actitud del narrador y el tono de la descripción, citando ejemplos del texto para apoyar su opinión. Luego indique por qué Cela hizo semejante descripción.

B. Camilo José Cela describió la cocina de la casa Duarte. Pensando en su propia casa familiar, escoja un cuarto de la casa y descríbalo detalladamente.

LECTURA 3

La casa de los espíritus
Isabel Allende

En la entrevista del Capítulo 2, Isabel Allende habla de cómo halló inspiración para escribir esta novela. La siguiente selección cuenta el momento en que un hombre, Esteban Trueba, regresa a la casa de su infancia.

ISABEL ALLENDE
La casa de los espíritus

Se dirigió a la casa, abrió la puerta de un empujón y entró. Adentro había suficiente luz, porque la mañana entraba por los postigos[1] rotos y los huecos del techo, donde habían cedido las tejas. Estaba lleno de polvo y telarañas, con un aspecto de total abandono, y era evidente que en esos años ninguno de los campesinos se había atrevido a dejar su choza[2] para ocupar la gran casa patronal vacía. No habían tocado los muebles; eran los mismos de su niñez, en los mismos sitios de siempre, pero más feos, lúgubres y desvencijados[3] de lo que podía recordar. Toda la casa estaba alfombrada con una capa de yerba, polvo y hojas secas. Olía a tumba. Un perro esquelético le ladró furiosamente, pero Esteban Trueba no le hizo caso y finalmente el perro, cansado, se echó en un rincón a rascarse las pulgas[4]. Dejó sus maletas sobre una mesa y salió a recorrer la casa, luchando contra la tristeza que comenzaba a invadirlo.

Pasó de una habitación a otra, vio el deterioro

1. una puertecilla en una ventana   2. cabaña formada de ramas y hierbas   3. rotos y viejos   4. insectos que pican e irritan; sobre todo molestan a los perros

que el tiempo había labrado en todas las cosas, la pobreza, lo suciedad, y sintió que ése era un hoyo[5] mucho peor que el de la mina. La cocina era una amplia habitación cochambrosa, techo alto y de paredes renegridas por el humo de la leña y el carbón, mohosa[6], en ruinas, todavía colgaban de unos clavos en las paredes las cacerolas y sartenes de cobre y de fierro que no se habían usado en quince años y que nadie había tocado en todo ese tiempo. Los dormitorios tenían las mismas camas y los grandes armarios con espejos de luna que compró su padre en otra época, pero los colchones eran un montón de lana podrida[7] y bichos que habían anidado[8] en ellos durante generaciones. Escuchó los pasitos discretos de las ratas en el arteso-

---

Dejó sus maletas sobre una mesa y salió a recorrer la casa, luchando contra la tristeza que comenzaba a invadirlo.

---

nado del techo. No pudo descubrir si el piso era de madera o de baldosas, porque en ninguna parte aparecía a la vista y la mugre[9] lo tapaba todo. La capa gris de polvo borraba el contorno de los muebles. En lo que había sido el salón, aún se veía el piano alemán con una pata rota y las teclas amarillas, sonando como un clavecín desafinado. En los anaqueles[10] quedaban algunos libros ilegibles con las páginas comidas por la humedad y en el suelo restos de revistas muy antiguas, que el viento desparramó. Los sillones tenían los resortes a la vista y había un nido de ratones en la poltrona donde su madre se sentaba a tejer antes que la enfermedad le pusiera las manos como garfios[11].

---

5. agujero profundo   6. oxidada   7. descompuesta, pútrida   8. habitado, formado nidos   9. suciedad
10. tablas puestas horizontalmente en muros o armarios para libros, etc.   11. ganchos

REFLEXIÓN

A. ¿Qué impresión ha obtenido usted de la antigua casa Trueba? ¿Hay alguna frase o imagen que le llama la atención? ¿Cuál? ¿Hay algunos adjetivos que contribuyen enormemente al retrato de la casa? Indíquelos. ¿Hay algo que le produce repugnancia? ¿Qué es? Sea específico.

B. Ahora, piense otra vez en los cinco sentidos y complete la información siguiente según la lectura de Allende:

Frases que dependen de los sentidos para crear las imágenes:

a. tacto:

b. vista:

c. oído:

d. gusto:

e. olfato:

C. Las dos selecciones anteriores tratan del concepto de *hogar.* Como estímulo para ampliar su vocabulario activo, escriba rápidamente todas las palabras relacionadas con hogar que acudan a su mente.

CH. Ahora, compare su lista con la de otro estudiante y juntos comenten las semejanzas y diferencias.

D. Por último, escoja la palabra de su lista que a su criterio mejor refleja el concepto de *hogar.* Redacte un párrafo describiendo uno de sus conceptos de hogar, donde la palabra escogida será central.

E. Según el autor Thomas Wolfe, "No se puede regresar a casa." Escriba su interpretación personal de la frase.

III. Redacción

Estilística: Punto de vista y tono

Punto de vista

En el contexto de la descripción, el término *punto de vista* generalmente se refiere a la relación visual que tiene el narrador frente a lo que se describe. Usted quiere describir, por ejemplo, la vista panorámica de su alcoba en la residencia universitaria. Puede describirla desde la ventana mirando hacia afuera, desde afuera sentado en el césped , o desde "otro punto de vista". Su ubicación física —su perspectiva— naturalmente cambiará la descripción. En el contexto de la narración, el término *punto de vista* indica la relación del narrador con la acción.

Tono

Cada trabajo debe sugerir *un tono* identificable, o sea una actitud hacia el tema. Se logra el tono deseable mediante el uso correcto de la gramática y vocabulario apropiados y de acuerdo con la actitud que se quiere comunicar.

A. Si tiene la suerte de contar con una ventana en su alcoba, describa la vista desde allí. Determine bien su *punto de vista* antes de escribir. Si no hay ventana en la alcoba, escoja la vista de otro cuarto o edificio y descríbala.

B. Suponga que deba preparar una descripción general de su universidad. ¿Cómo resultaría el trabajo si decidiera expresar un *tono* neutral? ¿Sarcástico? ¿Positivo? Redacte el primer párrafo de cada descripción, concentrándose en comunicar el tono indicado. Muestre los trabajos a un compañero de clase para comprobar si ha logrado comunicar el tono deseado.

PROYECTO EN COLABORACIÓN

Con un grupo determinado por el profesor, escriba secciones de un catálogo universitario dirigido a:

*   los estudiantes, como por ejemplo, una *Guía clandestina para el novato informado,* o a

*   los padres de los estudiantes, como por ejemplo, una *Guía para los padres interesados y preocupados.*

Considere incluir en su catálogo descripciones de:

*   el cuerpo estudiantil

*   un día típico académico

*   el profesorado

*   opciones de vivienda

*   lugares interesantes que ofrecen alternativas sociales

- los alrededores de la universidad

- la biblioteca

- gastos típicos

PROYECTO INDIVIDUAL

Los últimos proyectos de este capítulo consistirán en describir ampliamente dos lugares que conoce bien. A continuación se presentan algunas ideas para el proyecto individual, aunque las mismas no son limitativas:

Describa en forma detallada:

- su casa familiar y cómo los varios cuartos reflejan la personalidad de los diferentes miembros de la familia

- un lugar remoto y deshabitado (o despoblado)

- el mejor/peor lugar para pasar las vacaciones

- su ciudad natal y la relación que tiene su familia con ella

- su escuela secundaria, no olvidándose de su relación con ella

- su cama

- la experiencia de encontrar un lugar que no conocía antes

BOSQUEJO

Al escoger el tema de sus proyectos, apunte todas sus ideas y luego organícelas en un bosquejo.

BORRADOR

Prepare un borrador según el bosquejo completo. Antes de compartirlo con otro estudiante, léalo en voz alta y pregúntese si ha logrado lo siguiente:

A. **Ideas y contenido**

El tópico está expresado con claridad

Los detalles y los adjetivos apoyan el tema central

La primera frase y la última son pujantes

B. **Organización**

La introducción es clara e interesante

La conclusión es clara y apropiada

El orden es lógico, las transiciones claras

Cada párrafo es coherente; cada párrafo es una secuencia del párrafo anterior

C. **Punto de vista y tono**

Se nota la personalidad del autor

Se puede imaginar el lugar

El tono y el punto de vista son coherentes

El autor ha considerado al lector; ha tratado bien un tópico interesante

CH. **Gramática**

Es fácil de leer

Se ha prestado atención a la ortografía, la puntuación

Hay concordancia entre los nombres y los adjetivos

Los tiempos verbales han sido empleados correctamente

COMENTARIOS

Intercambie su borrador con el de otro estudiante y responda de acuerdo con la lista de verificación que antecede. Puede seguir trabajando en el mismo grupo con el que colaboró para realizar las observaciones de los retratos del Capítulo 1.

CORRECCIONES

1. Incorpore las correcciones según los comentarios del grupo.

2. Considere la posibilidad de escribir de nuevo una sección o de eliminar algo. A veces no vale la pena conservar un párrafo.

REVISIÓN

1. Lea detenidamente la revisión que ya tiene escrita. Luego, léala en voz alta.

2. Haga los últimos cambios necesarios. Sería aconsejable mostrarla a otro lector antes de entregar el trabajo al profesor.

IV. SÍNTESIS

Se espera que al terminar este capítulo, el escritor tenga una visión más aguda de sus alrededores, una perspectiva más compleja de las relaciones entre el ser humano y su mundo, y mayor habilidad para expresar sus observaciones.

to bear

❀❀ CAPÍTULO 4 ❀❀

REPORTAJE DE INVESTIGACIÓN

I. GÉNERO: EL REPORTAJE DE INVESTIGACIÓN

Al igual que el reportaje de noticias, el reportaje de investigación tiene una responsabilidad máxima para con el lector. En los dos géneros, el lector pretende y merece que se haya llevado a cabo una investigación meticulosa de los datos y que la presentación de las evidencias sea clara y completa. No obstante, el reportaje de investigación ofrece mucho más al lector —información histórica, retratos entretenidos e informativos de los personajes, y conclusiones razonables y lógicas.

Buenos Aires, Argentina. Los restos de la Embajada de Israel luego de un ataque terrorista.

El objetivo de este capítulo es examinar los motivos por los cuales se escribe un reportaje de investigación y practicar los procesos de investigación, organización, interpretación y presentación de los datos. Se concentrará en la elaboración de un reportaje lógico, razonado, detallado y preciso que además cautive y mantenga la atención del lector. El estudiante tendrá que explorar el asunto del reportaje desde varios puntos de vista y tratarlo con imparcialidad, evitando sus propios prejuicios y opiniones.

A. Empecemos con algunos asuntos universitarios polémicos que interesan al cuerpo estudiantil. Lea la lista siguiente y marque los asuntos que más le interesan:

1. los requisitos para la graduación

2. el papel de los deportes en la universidad

3. la diversidad cultural y el racismo

4. las oportunidades de trabajo

5. la calidad del profesorado

6. la política del uso del alcohol en la universidad

7. las condiciones de las residencias/alternativas en hogares

8. el costo de la matrícula

9. alternativas sociales en la universidad

10. el SIDA y los estudiantes

11. las oportunidades que ofrece la universidad a las minorías

12. la campaña en pro del reciclaje en la universidad

13. el acoso sexual

14. la actitud universitaria ante la deshonestidad académica/el plagio

15. el crimen en el campus; la calidad de la policía universitaria

16. la calidad de la clínica universitaria

17. la comida

18. el fomento de los deportes masculinos comparado con el de los deportes femeninos

19. las relaciones entre los sexos masculino y femenino

20. las relaciones entre la universidad y la ciudad/el pueblo

B. ¿Se le ocurren algunas más? Añada sus ideas a esta lista y compártalas con la clase.

C. Ahora, escoja uno de los asuntos. Piense en todo lo que ya sabe y lo que opina del asunto. Complete el siguiente cuadro:

El asunto:

    Datos reales   **Opiniones**

1.

2.

3.

CH. Ahora busque a otra persona que tenga interés en el mismo asunto y con la cual le gustaría trabajar para producir el reportaje final de este capítulo. (Puede hacerlo solo si el profesor le da permiso.) Comparen sus dos cuadros del ejercicio C anterior y comenten las semejanzas y las diferencias.

D. Con su compañero, apunte los siguientes datos con la información que ya tienen para empezar la organización del proyecto final de este capítulo. Usen la información del ejercicio anterior toda vez que sea posible.

Asunto:
1. Preguntas que tendremos que investigar
2. Antecedentes del asunto en esta ciudad universitaria
3. Estado del asunto en otras universidades semejantes
4. Puntos de vista de los estudiantes
5. Puntos de vista de los padres/los graduados/el pueblo
6. Puntos de vista de la Administración
7. Lista de personas a las que entrevistar
8. Importancia relativa en la ciudad universitaria/grado de controversia
9. Recursos que ayudarán en la investigación
10. Grado de riesgo en la investigación del asunto; conflictos de interés
11. (Otras consideraciones)

E. Elabore una lista con el vocabulario necesario. Se sugiere organizar las palabras en categorías. Verifique la lista con ayuda de su profesor.

II. Observación

Preparación

La siguiente lectura consta de dos artículos escritos por dos autores distintos bajo el mismo título: "De sol a sol sin descanso". Los artículos tratan de las pésimas condiciones de trabajo tanto en los campamentos de los estados del sudoeste como en los campamentos de Virginia. El artículo se publicó en *Más*, una popular revista americana para hispanohablantes.

LECTURA 1

FRANCISCO GARCÍA Y VERÓNICA ISABEL DAHLBERG
"De sol a sol sin descanso"

El trabajo en el campo es difícil, pero lo es todavía más si los trabajadores son inmigrantes que llegan a EE.UU. sin papeles, sin conocer sus derechos y con la urgencia de ganar dinero para enviarlo a sus familias. Todo ello favorece que surjan lugares como el Pirul, un campamento en la costa Oeste donde, como nos describe Francisco García, no hay agua potable[1], ni alcantarillas, ni calefacción, pero los trabajadores, la mayoría hispanos, mantienen la esperanza del progreso mientras luchan por traer a sus familias aquí. Esa misma ilusión y las mismas situaciones infrahumanas padecen los trabajadores mexicanos que viven en el campamento El Palacio, en el Este. Verónica Isabel Dahlberg nos introduce a este mundo de sacrificio, enfermedades sin tratar y resignación entre campos interminables de tomates, pimientos y calabazas.

I

Durante los 12 años que vivió en El Pirul nadie instruyó a Pedro Arredondo sobre las leyes de salubridad[2] de Estados Unidos ni sobre los códigos de vivienda. Por eso él y las 30 familias del campamento se sorprendieron cuando casi una docena de empleados del condado de Santa Clara, California, aparecieron un día de agosto y les dijeron que se tenían que mudar. En dos semanas

---

1. que se puede beber sin peligro, bebible   2. calidad de la salud, sanidad

iban a desmantelar el campamento El Pirul, llamado así por un árbol de pimienta sembrado en el centro.

Los 25 trailers y casuchas[3] de latas y cartón, localizados en un terreno rodeado de mansiones en el Almadén Valley, un vecindario de clase media alta al sur de San José, no tenían calefacción, ni agua corriente ni baños. El gas llegaba a la cocina común por una tubería rota. La electricidad provenía de varios cables con peligrosas conexiones expuestas al aire libre y a la gente. Por letrina tenían un arroyo del que se desprendía un insoportable hedor[4]

El trabajo es duro pero necesitan el dinero para sus familias.

a excrementos. Dos grifos, las únicas fuentes de agua corriente, dejaban charcos donde los niños jugaban descalzos. Casi todos los 40 niños del caserío padecían alguna infección.

Muchos trabajadores agrícolas soportan estas condiciones de vida para sostener a sus familias en sus países de origen. Por eso Pedro Arredondo vivió en casuchas como las de El Pirul, aguantando el frío, las moscas y el mal olor durante 12 años para

mandar dinero a su esposa Lucila y a sus cuatro hijos en México. Aunque apenas tiene 49 años aparenta 60. Las arrugas[5] marcan su cara tostada por el sol y su mala dentadura denota que ha pasado años sin visitar al dentista. "Pero si aquí vivimos mejor que en México", se quejó Arredondo cuando lo desalojaron. "Puede que aquí sea malo, pero allá es peor porque no hay dinero".

El Pirul fue cerrado y desmantelado. El dueño de la finca, un millonario local, fue acusado de mantener ilegalmente el campamento y fue multado con $135.000. Por desgracia, casos como El Pirul abundan entre los cientos de miles de trabajadores migratorios provenientes de México y otros países de América Central y del Sur y del Caribe. Existen campamentos como El Pirul en la frontera con México, en las Carolinas, donde los trabajadores recolectan tabaco y en Louisiana y Florida donde cortan caña.

Estas ciudadelas, llamadas "colonias", son subdivisiones rurales donde los estados, para satisfacer la demanda de mano de obra

---

3. casa pequeña y mal construida (despectivo de casa)   4. olor de   5. pliegue o doblamiento de la piel

barata, permiten la construcción de casas sin agua corriente, sin calefacción y sin alcantarillado. Por eso están resurgiendo enfermedades como la disentería.

"En las colonias que no tienen agua potable hay personas con tuberculosis, eso ya no debe existir", dice Juanita Valdez, una organizadora de la United Farm Workers, el sindicato de trabajadores agrícolas, en San Juan, Texas.

El programa de las colonias de Texas comenzó en los años cincuenta cuando, con permiso del gobierno, las empresas constructoras vendían pequeños lotes de terreno en las afueras de las ciudades y cerca de las granjas agrícolas. Con apenas un 10% de cuota inicial, una familia podía adquirir su lote haciendo pagos de entre $10 y $80 mensuales. Lo único que las compañías constructoras tenían que hacer era carreteras y zonas de desagüe[6].

Para familias que en ciertos condados ganan un promedio que puede ser tan bajo como $4.252 al año, la oferta era bien atractiva. Pero después de comprar el terreno, muchos trabajadores construyeron sus casuchas con materiales de desecho. En seis condados de Texas, casi 200.000 personas viven en esta clase de vivienda. Sólo tres de las 842 colonias visitadas por investigadores del gobierno federal contaban con sistemas de alcantarillado[7].

Miles viven bajo los puentes de las autopistas y hasta en cuevas excavadas en las colinas cercanas a las fincas.

Los gobiernos estatales, estos últimos años, han aprobado leyes para financiar proyectos de agua corriente y alcantarillado en las colonias. Pero los mismos oficiales estatales dicen que hasta ahora son pocos los proyectos realizados. Además, las leyes no prohíben construir futuras colonias.

En la industria de los cítricos de Florida, con granjas de hasta 3.000 acres, no se construye vivienda para todos los trabajadores. Muchos viven en barracas.

Un estudio conducido por el estado en 1988 concluyó que ese año en Florida al menos 80.000 trabajadores agrícolas de una fuerza laboral de 300.000 eran indocumentados. Entre el 50% y el 60% eran mejicanos o guatemaltecos. Otro 20% eran de otras nacionalidades y el resto nacieron en este país.

A pesar de lo mala que es la vivienda, los que tienen casa pueden considerarse afortunados. Miles viven bajo los puentes de las autopistas y hasta en cuevas excavadas en las colinas cercanas a las fincas. En El Paso hay unos 3.500 trabajadores que viven en las calles, hacinados[8] en carros. Se puede ver hasta 50 personas viviendo bajo un solo puente. Esto es debido a la gran demanda de mano de obra barata de la industria agrícola del país. Históricamente

---

6. drenaje, salidas de las aguas usadas   7. drenaje de excremento   8. juntados

esta industria ha empleado trabajadores extranjeros, más vulnerables la mayoría a ser explotados por carecer de documentos, desconocer las leyes y por su situación económica.

En la segunda mitad del siglo pasado, el tema del rendimiento de los esclavos comparado con el rendimiento de los trabajadores migratorios fue objeto de gran debate en el gobierno. Los emigrantes eran menos costosos que los esclavos porque no requerían inversión para comprarlos; proveían su vivienda y alimentación y se reproducían en sus países de origen. Además, estaban listos cuando se necesitaban y sólo se les pagaba cuando trabajaban. Tras la cosecha, se iban liberando a las empresas del deber de mantener a los trabajadores mientras los campos se preparaban para la otra cosecha.

En California, donde se produce el 40% de las frutas y vegetales del país, en el siglo pasado los granjeros preferían los trabajadores chinos. Éstos se conseguían su vivienda y comida y "desaparecían" cuando las cosechas eran recogidas. Por eso eran menos costosos que los negros de los estados del Sur en la época de la esclavitud. Al finalizar la construcción del ferrocarril transcontinental, los trabajadores chinos se reemplazaron por otros inmigrantes asiáticos. Desde 1940, la mano de obra temporal agrícola ha sido primordialmente mexicana.

Las grandes empresas agrícolas se han opuesto a limitar la inmigración por ser fuente de mano de obra barata. Un grupo de agricultores argüía en 1950 ante una comisión sobre trabajadores migrantes formada por el presidente Harry Truman: "El algodón es cosecha de esclavos... el mexicano es el único que recoge algodón, quienes pueden hacer otro trabajo no quieren recogerlo".

Agricultores de Carolina del Norte, donde casi el 90% de los trabajadores migratorios son hispanos, defendieron en 1990 ante una comisión agrícola en Washington, D.C. el Acta de Reforma y Control de Inmigración (IRCA) de 1986.

Con estos intereses respaldando[9] la inmigración ilegal es imposible que el gobierno cambie las leyes de inmigración, o que los trabajadores puedan mejorar sus condiciones. Según un estudio de la Universidad de California, la ley de 1986 no ha logrado ningún objetivo. Antes de la ley, entre el 20% y el 30% de la población era indocumentada. Los testimonios de agricultores y trabajadores en 1990 sugieren que a pesar de la legalización de unos

> **"El algodón es cosecha de esclavos... el mexicano es el único que recoge algodón, quienes pueden hacer otro trabajo no quieren recogerlo".**

---

9. apoyando

tres millones de trabajadores, el número de indocumentados sigue sin cambiar.

Arredondo y el resto de los residentes de El Pirul viven algo mejor que cientos de miles de otros trabajadores. Pero sus nuevos gastos de alquiler, agua, luz y gas consumen la mayor parte de lo que ganan con el salario mínimo de $4,25 por hora. Si siguen pagando estas cuentas, no podrán sostener a sus familias en México.

"Voy a ver qué hago para traer a mis tres hijas", comenta Arredondo, quien ya tiene aquí a su esposa e hijo de 15 años. "Vamos a tener que arreglárnoslas aquí".

II

Eastern Shore es una bella y aislada península de apenas 75 millas de largo, localizada en el estado de Virginia, entre la bahía de Chesapeake y el océano Atlántico. Su historia incluye relatos de piratas, de los primeros colonizadores americanos y de campamentos de la Guerra Civil. En esta península favorita de pescadores, aficionados a la historia y amantes del aire libre, viven hoy distribuidos en 120 campamentos unos 5.000 trabajadores migratorios, la mayoría mexicanos y centroamericanos.

"Mucha gente viene aquí a progresar, para ayudar a sus familias", dice Chihuas. "La gente habla sobre el trabajo en este país y nosotros venimos aquí para ver si podemos vivir mejor. En México no es suficiente".

Pasando majestuosas casas coloniales, iglesias y terrenos cultivados se llega a El Palacio, un campamento que parece irreal y aislado, semioculto detrás de una hilera de altos árboles. Ahí viven entre 30 y 40 trabajadores, originarios de casi todos los estados de México. Personas como "Chihuas", nacido en Chihuahua; Salvador, de Michoacán; Armando, de Chiapas; "Gordito", quien se rasca[10] profusamente cuando dice el nombre de su pueblo Potosí: "Estación Rascón"; "El Toro", de Guanajuato, cuya capital está rodeada de montañas ricas en oro y plata. Otros vienen de Guerrero, Hidalgo y el Distrito Federal.

En este mundo oculto de Eastern Shore, trabajadores como El Toro y Chihuas sobreviven recogiendo los mismos vegetales que durante milenios formaron parte de la rica dieta de los aztecas y otras tribus indígenas. Por su trabajo reciben el dinero que posteriormente mandan con grandes sacrificios a sus familias en México.

Durante 1991, los trabajadores migratorios de Eastern Shore recogieron a mano cerca de 100 millones de libras de tomates. Junto con importantes cantidades de

---

10. se frota la piel, generalmente con las uñas

pimientos, calabazas y pepinos, esta cosecha, más grande que la de California, surtió[11] las tiendas de víveres del este de Estados Unidos. *provisions*

"¿Qué es lo que usted quiere para sus hijos?", pregunta Benigno Gómez, "¿Comida? Usted quiere que ellos coman, ¿verdad? Pues yo quiero lo mismo para los míos". Por eso él vino a El Palacio a recoger tomates y pimientos a unas mil millas de distancia de su casa y su familia en San Luis Potosí. El año pasado, su hijo de 18 años, quien vino a reunirse con él, por poco muere de encefalitis. Los otros trabajadores reunieron dinero para mandarlo de vuelta a México. Benigno quedó tan turbado[12] que él mismo regresó a México poco después.

"Mucha gente viene aquí a progresar, para ayudar a sus familias", dice Chihuas. "La gente habla sobre el trabajo en este país y nosotros venimos aquí para ver si podemos vivir mejor. En México no es suficiente". Antes de venir a Virginia, a Chihuas lo atraparon tres veces tratando de cruzar el Río Bravo. Finalmente cruzó a Estados Unidos después de pasar dos días escondido en un tren de carga. Eso fue en 1985. "Pues nos aburrimos y nos ponemos tristes porque no tenemos a nadie aquí", dice Chihuas, quien tiene seis hermanos y dos hermanas en México. "Extrañamos nuestra tierra, queremos ver a la familia".

Armando cruzó a Estados Unidos por el desierto, cargando solamente pan y agua. "Después del primer día, hacía tanto calor que mi pan parecía un acordeón. Pero no importaba porque después de tres días ya ni tenía ganas de comer". Él sobrevivió caminando más de una semana y tomando el agua usada por los animales de los ranchos. "Me preguntaba por qué estaba haciendo esto si podía estar muy cómodo en mi propia cama".

Necesitamos una nueva raza para trabajar los campos", dice riendo uno de los dueños de la tierra. Ellos han aprovechado la fertilidad de este suelo durante 300 años, primero con la ayuda de esclavos negros traídos de Angola y Mozambique por los portugueses. "Después", explica Lea Pellett, jefa del Departamento de Sociología del Christopher Newton College, "los terratenientes trajeron pacientes con problemas mentales institucionalizados en hospitales de las ciudades del norte de Estados Unidos. Estos fueron reemplazados por haitianos y luego, a mediados de los años ochenta, empezó a

> "Lo más frustrante de todo es el impacto de la pobreza combinado con un sistema de salud que no considera a aquellos que no pueden darse el lujo de hacerse atender"...

---

11. abasteció, dio víveres a   12. intranquilo, sin quietud o tranquilidad

llegar la ola actual de trabajadores, de los cuales el 85% son mexicanos". Según Pellet estos son reclutados[13] principalmente en Florida por capataces contratados por los cultivadores del Eastern Shore. Los demás son centroamericanos, haitianos y algunos son africano-americanos.

Sin mano de obra barata los cultivadores de Eastern Shore no habrían prosperado de la forma que lo han hecho. En 1991 se batió el récord de producción de tomates que se convirtió en la principal cosecha de vegetales de todo el estado.

Según el doctor Richard Andrews, el único médico de tiempo completo para tratar entre 5.000 y 6.000 trabajadores en Eastern Shore, el 100% de los trabajadores tienen los ojos dañados como resultado del tiempo que permanecen bajo el sol. Andrews atiende entre 30 y 40 trabajadores diarios en una clínica operada por Delmarva Rural Ministries, una organización sin ánimo de lucro. "Lo más frustrante de todo es el impacto de la pobreza combinado con un sistema de salud que no considera a aquellos que no pueden darse el lujo de hacerse atender", especifica Andrews. Según el médico, los trabajadores vienen a la clínica con una serie de enfermedades y heridas de carácter ocupacional. Los problemas son el resultado de un trabajo físico agotador[14] y de la constante exposición a los herbicidas, pesticidas e insecticidas. Muchos de los campamentos están localizados dentro o cerca de los campos, los cuales son rociados[15] con químicos en varias etapas durante la cosecha.

"¡Mojados!" Gritan los capataces[16] como señal para empezar el trabajo, junto con algunas instrucciones o amenazas sutiles. Los trabajadores son transportados desde los campamentos a los campos a las 7 de la mañana. Ya desde esta hora en Virginia, el sol quema sobre las filas de matas que se extienden interminablemente en el horizonte. El sonido de los tomates cayendo en los baldes resuena por todas partes.

> **A mediados del verano las temperaturas sobrepasan los 90 grados mientras los trabajadores siguen recogiendo hasta el anochecer. Sólo se paran unos minutos para almorzar o tomar agua.**

Algunos trabajadores reciben un vale[17] de $0.40 por cada balde que vacían en los camiones. Otros ganan el salario mínimo. Los pimientos verdes se pagan a $0,20 por balde. Durante la estación alta, los más rápidos recogen hasta 300 baldes de tomates de 25 libras cada uno por día. Desafortunadamente, hay muchas semanas en las que se trabaja poco o no se trabaja. El trabajador migratorio típico gana unos $7.000 al año.

---

13. alistados, contratados   14. que cansa muchísimo   15. que se les aplica un líquido contenido en un rociador   16. jefes   17. papel en que uno le obliga a pagar a otro una cantidad de dinero

deer

days journey

A veces, durante los tiempos difíciles en Eastern Shore los trabajadores cazan venados. La carne es compartida entre todos en el campamento. Otros pescan en las mismas playas adonde los enamorados van para contemplar las olas y las estrellas.

A pesar de que según el gerente de una planta empacadora su empresa tira 1.200 libras de tomates al día, los trabajadores dicen que les regañan cuando les pillan con algunos vegetales recogidos del campo para su propio uso.

harvested

Acres y acres llenos de tomates perfectos nunca serán cosechados porque los cultivadores consideran más beneficioso no recogerlos.

A mediados del verano las temperaturas sobrepasan los 90 grados mientras los trabajadores siguen recogiendo hasta el anochecer. Sólo[18] se paran unos minutos para almorzar o tomar agua.

Los abusos siempre están presentes en los campos. Quienes dan los vales pueden retenerlos[19] si el trabajador ha discutido con ellos, o si simplemente quieren acosar[20] a un trabajador que no les gusta; o si sienten que el balde no está lleno a su satisfacción. A veces, un capataz puede decidir como castigo retener el salario por unos cuantos días después de la fecha de pago si un trabajador pierde una jornada de trabajo.

De los dos periódicos principales de la zona, uno declaró los campamentos del Eastern Shore entre los peores del país y el otro afirmó que "las reformas del Eastern Shore son un modelo para migrantes". Lo cierto es que algunas de las plantaciones cumplen con las mínimas condiciones del gobierno y otras ni siquiera las cumplen. Pero, de todas formas, los trabajadores no se quejan de estas condiciones. "No hay razón para enfadarse", afirma Gordito, "Si te enfadas, tienes dos problemas. El primer problema es que estás enfadado. Y el segundo es que tienes que contentarte".

to anger

contain oneself

Uno de los días más fríos al final de la estación, Plaza San Luis estaba sin calefacción. Aunque los trabajadores tratan de hacer su propia vida visitando otros campos, jugando a las cartas, conversando y oyendo música, todos ellos no pueden evitar pronunciar las palabras soledad y aburrimiento. Tratan de mantener sus propias costumbres, mientras procuran aprender la forma de vida americana de la mejor manera posible. "Uno sufre aquí", confiesa Chihuas. "Es difícil hacer amigos. A veces es duro".

> **Aunque los trabajadores tratan de hacer su propia vida visitando otros campos,… todos ellos no pueden evitar pronunciar las palabras soledad y aburrimiento.**

---

18. solamente   19. guardarlos, no distribuirlos   20. perseguir, molestar

Es un 15 de septiembre. En el campamento Plaza San Luis, en Virginia, se ve El Toro de Guanajuato, Chihuas de Chihuahua, Gordito y otros. Por la noche, al calor de la hoguera y con la música de Los Tigres del Norte como fondo se oye el grito de "¡Viva México!, ¡Viva México!" que se pierde entre la soledad, el mar y los interminables campos de tomates, pimientos y calabaza.

REFLEXIÓN

Estudie la estructura y el mensaje del artículo "De sol a sol sin descanso" a través de las siguientes preguntas:

1. ¿Cómo llaman los primeros párrafos la atención del lector? ¿Cómo logran provocar interés y compasión? Compare los primeros párrafos de las dos secciones. ¿Qué puede hacer usted en su propia investigación para lograr el mismo efecto?

2. ¿Dónde usan los autores las estadísticas para sostener su investigación? ¿Lee usted las estadísticas o las pasa por alto? ¿Por qué? ¿Intentará usar estadísticas en su reportaje de investigación? ¿Qué tipo de estadísticas?

3. Examine los usos de citas en las dos partes del artículo. ¿Qué efecto tienen estas citas? Discuta las posibilidades de usar citas en su proyecto final.

4. ¿Son obvias las perspectivas de los autores? Observe los adjetivos y las expresiones que usan para realzar el reportaje.

5. Lea de nuevo el último párrafo de ambas secciones del artículo. ¿Qué impresión le dejan? ¿Proponen soluciones los dos escritores? De las dos secciones del artículo, ¿cuál prefiere? ¿Por qué? Explique bien su posición y justifíquela con ejemplos específicos del artículo.

6. Escriba lo esencial de este artículo. Puede combinar la información de ambas secciones; no hace falta tratarlas en secuencia. ¿Qué le gustaría imitar en su propia investigación universitaria? ¿Qué evitaría?

III. REDACCIÓN

BOSQUEJO

En este punto su investigación debería encontrarse en marcha. Ya ha compilado los datos, así como el vocabulario esencial, y se han identificado las personas que desean consultar, si no es que ya han sido consultadas. Mientras tanto puede preparar el bosquejo del reportaje.

Cómo organizar un bosquejo: A muchos escritores les gusta usar tarjetas de tamaño 3 x 5 pulgadas para organizar los componentes de un bosquejo. De este modo es muy fácil cambiar el orden de las tarjetas para organizar el reportaje y luego escribir el esquema a máquina.

BORRADOR

A. Al terminar el bosquejo, tendrá que concentrarse en el primer párrafo del reportaje. En este párrafo llamará la atención del lector, lo informará del contenido e importancia del asunto, y establecerá el tono del reportaje. El lector decidirá inmediatamente si vale la pena leer el reportaje o no. No subestime ni menosprecie la importancia del primer párrafo ni el tiempo que exige el perfeccionarlo.

B. Recuerde que cada oración que se escribe debe proceder de la oración anterior. Es necesario establecer conexión entre las ideas y construir el argumento de una forma lógica. Una buena técnica para escribir con claridad es el uso de palabras y expresiones temporales y enfáticas que ayuden al lector a seguir el hilo de la obra. Muchas de estas expresiones comienzan con **por:**

por eso	por ejemplo
por lo tanto	por desgracia
por supuesto	por ahora
por lo visto	por esta razón
por cuanto	por consiguiente
por lo menos	por otra parte
por lo demás	por regla general
por donde	por otro lado

Otras expresiones útiles son:

no obstante	entonces
sin embargo	todavía
aunque	aun cuando
aun	a la larga
además	a pesar de
se puede ver	debido a
a causa de	lo cierto es que
apenas	precisamente
primero, segundo, tercero, etc.	pese a

C. Utilice las expresiones de tiempo y transición al escribir el borrador. Al terminar, léalo en voz alta. Esto le ayudará a corregir los errores de ortografía y también de significado. Recuerde que un buen reportaje debe pasar por muchas correcciones, modificaciones y revisiones.

CH. Ya ha escrito la conclusión del reportaje. ¿Qué le parece? Es muy difícil redactar con eficacia el último párrafo de muchos reportajes. No sólo tiene que referirse a todo el trabajo anterior, sino que debe proveer una síntesis además del análisis del asunto. Lea de nuevo los últimos párrafos de las dos secciones del reportaje "De sol a sol sin descanso". ¿Son eficaces o no? Razone su respuesta.

COMENTARIOS

Ahora leerá el reportaje de investigación de otro estudiante o trabajará en grupos y hará observaciones.

Tome nota de lo siguiente. Como siempre, será útil aplicar las mismas preguntas a su propio reportaje:

1. ¿Le impresiona mucho o poco el primer párrafo? Razone su respuesta.

2. ¿Es patente el compromiso del autor con el asunto tratado? Anote un punto específico.

3. ¿Procede en forma lógica el argumento del reportaje? ¿Tuvo que leer/escuchar varias veces alguna sección porque no entendía algo? ¿No era claro el discurso en algún momento? Anote en qué punto. Sugiera cambios.

4. ¿Presenta todos los datos y estadísticas claramente y con eficacia?

5. ¿Analiza el asunto desde varias perspectivas sin menospreciar ninguna de ellas?

6. ¿Utiliza en forma válida las entrevistas a personas del ramo?

7. ¿Mantiene el interés durante todo el reportaje?

8. ¿Establece la conclusión un enlace entre el asunto tratado en el reportaje y su posible evolución en el futuro?

9. Al terminar el reportaje, ¿quedan interrogantes que el reportaje no contesta? Escríbalos aquí.

10. Ahora escriba su opinión personal sobre este reportaje en general. Si no le interesó ni lo informó, será necesario comunicárselo al autor. Sea específico.

CORRECCIONES Y REVISIÓN

Haga ahora las correcciones y la revisión según los comentarios de sus colegas y su profesor.

IV. SÍNTESIS

La capacidad de producir un buen reportaje es de la mayor importancia en muchas de las profesiones del mundo. Hay que recordar que el reportaje no tiene la finalidad de resolver problemas, sino de examinar el estado de un asunto y las condiciones que lo rodean. Es posible que en última instancia el reportaje produzca conclusiones que contribuirán al mejoramiento del asunto o a la resolución de un problema.

CAPÍTULO 5

REPORTAJE DE NOTICIAS

I. GÉNERO: EL REPORTAJE DE NOTICIAS

Cada día, millones de personas comienzan el día con una taza de café y su periódico favorito. Sin duda, el reportaje de noticias más que nada tiene una seria responsabilidad para con esos lectores fieles. Se pretende mucho de un artículo: exactitud, claridad, interés y utilidad. No cumplir con estos requisitos significa sacrificar la calidad del artículo y la credibilidad del periódico y de sus periodistas.

La seriedad y la precisión son dos características esenciales de un buen periódico.

Leer un periódico del extranjero es un desafío extraordinario; nos cuesta mucho entender el contexto de las noticias y el estilo del lenguaje periodístico. En este capítulo usted no sólo se convertirá en un consumidor de noticias en español, sino también en un periodista principiante. Leerá y analizará varios artículos de *El País,* periódico madrileño. Practicará las destrezas de escribir con cierta velocidad, precisión, y claridad. Elegirá noticias interesantes para sus lectores —los demás miembros de la clase y del Departamento de Español— y las redactará. El objetivo fundamental de este capítulo es producir un periódico escrito totalmente en español.

II. Observación

Preparación

A. Ya se ha dicho que la claridad y la precisión son lo esencial del reportaje de noticias. Hay que elegir los sustantivos con exactitud; la redacción periodística no depende de los adjetivos. Antes de leer algunos artículos de *El País,* examine primero sus titulares. Preste atención al uso de sustantivos cautivantes y la limitación en el uso de los adjetivos. Subraye los sustantivos y adjetivos:

Madrid, lunes 16 de noviembre de 1992

La violencia xenófoba en España cuesta la vida a una inmigrante dominicana

Cuatro pistoleros encapuchados asaltan un refugio de dominicanos en Madrid y matan a una mujer

Una colonia de 15.000 personas que crece día a día

Cuatro balas para cuatro rosas

Y la semana siguiente, otras reacciones a la matanza:
Madrid, lunes 23 de noviembre de 1992

En Madrid, contra el racismo

Los dominicanos piden ayuda contra el racismo

La indignación se extiende por la República Dominicana

B. Trabajo de diccionario: Explique en español el significado del nuevo vocabulario:

1. costar la vida a uno

2. violencia xenófoba

3. pistoleros encapuchados

4. asaltar

5. crecer

6. las balas

C. Ahora, ya sea por su cuenta o junto con otros miembros de la clase, construya lo que, a su entender, ha ocurrido, teniendo en cuenta los titulares. Escriba frases breves que predigan el contenido de los artículos.

CH. En el Capítulo 1 se examina el uso de los adjetivos descriptivos en los *retratos*. En cambio, en este capítulo se hace notar el uso limitado de los adjetivos en el *reportaje de noticias*.

En los artículos siguientes observará una estructura que contribuye a la economía de palabras que caracteriza el estilo periodístico: *el uso de un adjetivo en lugar de sustantivo y adjetivo:*

los hombres y mujeres dominicanos: *los dominicanos*

los hombres sospechosos: *los sospechosos*

unos tipos enmascarados: *unos enmascarados*

el individuo herido: *el herido*

los únicos dominicanos: *los únicos*

Cambie estas frases al estilo periodístico:

1. los adultos jóvenes:

2. las dominicanas recién llegadas:

3. los ciudadanos rechazados:

4. los grupos buenos y los grupos malos:

5. los trabajadores indocumentados:

D. El estilo periodístico también tiende a usar los adjetivos en lugar de oraciones más largas. Muchos de estos adjetivos se forman del participio pasado (*-ado, -ido*), otros no:

> *Madrid.* La Guardia Civil y la policía buscan en una operación *coordinada* a pistoleros neonazis *entrenados* en el uso de armas como sospechosos del primer asesinato por xenofobia *ocurrido* en España.

> *Madrid.* Los enmascarados, *vestidos* con ropa negra, penetraron en la antigua discoteca "Four Roses", un local que en otro tiempo fue centro de diversión de "gente guapa", *situado* en la carretera de La Coruña, en el distrito *madrileño* de Aravaca.

Eche un vistazo a los artículos anunciados a continuación y escriba 5 ejemplos más de dicho uso del adjetivo:

1.

2.

3.

4.

5.

Madrid. Algo menos de 15.000 personas forman la colonia dominicana en España. El viernes 13 de noviembre de 1992 se registró el primer caso de asesinato por xenofobia ocurrido en el país.

"La violencia xenófoba cuesta la vida a una inmigrante dominicana"

La Guardia Civil y la policía buscan en una operación coordinada a pistoleros neonazis entrenados en el uso de armas como sospechosos[1] del primer asesinato por xenofobia ocurrido en España. Una bala del calibre 9 milímetros Parabellum, de uso mayoritariamente militar, acabó[2] con la vida de Lucrecia Pérez, inmigrante dominicana de 33 años que en la noche del viernes 13 fue tiroteada[3] por cuatro enmascarados[4] en una discoteca abandonada de Aravaca, un barrio residencial de Madrid.

El ministro del Interior ha ordenado a las fuerzas de seguridad que consideren prioritaria la resolución del caso. La bala que atravesó[5]

1. posibles culpables   2. destruyó, terminó   3. muerta por un arma de fuego
4. personas que se cubren con máscaras o disfraces   5. penetró, entró

el corazón de la dominicana y la que hirió[6] a Porfirio Elías Pimentel, uno de los 30 inmigrantes alojados[7] en el refugio tiroteado, han sido fabricadas[8] en España y son de un tipo usado casi exclusivamente por militares y policías, aunque se encuentra en el mercado negro. El delegado del Gobierno en Madrid dijo que las investigaciones apuntan a "grupos de extrema derecha y neonazis".

Algo menos de 15.000 personas forman la colonia dominicana en España. Un total de 11.000 residentes se acogieron[9] a principios de año al proceso de regularización[10], según datos de la Embajada del país caribeño[11] en Madrid. Otro grupo menos numeroso, entre 2.500 y 3.000, está en vías[12] de legalizar su situación.

"Hemos sido el país latinoamericano más beneficiado por la regularización", afirma el embajador, Rafael Gautreau.

---

6. hizo daño   7. posados, residiendo   8. hechas   9. se unieron a, se plegaron a
10. legalización de su situación laboral   11. del Caribe   12. en el proceso de

LECTURA 2

V. R. DE AZÚA / J. DUVA

"Cuatro pistoleros encapuchados asaltan un refugio de dominicanos en Madrid y matan a una mujer"

Madrid. Cuatro individuos enmascarados irrumpieron[1] el viernes 13 en una antigua discoteca de Aravaca, Madrid, que desde hace ocho meses utilizaban como refugio unos 30 dominicanos, mataron a tiros[2] a una mujer de 33 años e hirieron de gravedad a un compatriota de 43. La Guardia Civil y la policía buscan a pistoleros neonazis entrenados en el uso de armas como sospechosos del asesinato. Los compañeros

---

1. entraron sorpresivamente, sin permiso ni aviso   2. disparando un arma de fuego

de la víctima exigen[3] justicia y anuncian que, en caso de no obtenerla, se vengarán[4]. Es el primer caso de xenofobia criminal que se registra en España. La Policía busca entre neonazis a los autores del primer acto de xenofobia criminal en España.

Los enmascarados, vestidos con ropa negra, penetraron en la antigua discoteca *Four Roses,* un local que en otro tiempo fue centro de diversión de *gente guapa*[5]*,* situado en la carretera de La Coruña, en el distrito madrileño[6] de Aravaca. Los asaltantes dispararon[7] indiscriminadamente contra los dominicanos, que cenaban una sopa a la luz de una vela, y huyeron[8] a la carrera, aunque fuentes policiales sospechan que posteriormente subieron a un coche que les esperaba junto a la carretera y se dirigieron[9] a Madrid.

Lucrecia Pérez Martos, de 33 años, que llegó a España hace "un mes y tres días", según declaró un hermano suyo, resultó alcanzada[10] por dos tiros, uno de ellos junto al corazón. Ingresó cadáver[11] en la clínica de La Zarzuela, cercana al lugar de los hechos. Su compatriota Porfirio F. F.,

> **Es el primer caso de xenofobia criminal que se registra en España. La Policía busca entre neonazis a los autores del primer acto de xenofobia criminal en España.**

de 55 años, fue atendido en el mismo centro de una herida[12] de bala en una pierna, de carácter grave. Sus compatriotas, sin embargo, dijeron que el herido se llama Augusto Vargas. Una mujer, de la que los dominicanos sólo saben que se llama Kati, y otro compatriota conocido como Olmeda *el Mueca,* resultaron ilesos[13], pese a[14] hallarse en la misma habitación en la que estaba Lucrecia Pérez.

Éste es el primer asesinato por xenofobia que se registra en España. Las calles de Aravaca están empapeladas con carteles[15] firmados[16] por Juntas Españolas y Juntas de Jóvenes. Debajo de una señal de *stop* se puede leer: "Los españoles primero". Sin embargo, los dominicanos aseguran que durante los meses que llevan viviendo en la discoteca no han sido molestados por grupos *ultras.* "Los únicos que nos han incordiado[17] han sido los policías municipales, que algunos días han venido por aquí siete u ocho veces para pedirnos los papeles", relató el que aparentaba ser el líder de la colonia. Éste aseguró que más de un vez ha sido "encañonado[18]" por los agentes.

---

3. demandan   4. vindicarán, conseguirán venganza   5. gente snob   6. de Madrid   7. descargaron con armas de fuego   8. se fueron con prisa, escaparon   9. condujeron, fueron hacia   10. penetrada
11. llegó muerto, al llegar ya había muerto   12. una rotura de la piel   13. sin heridas, sin daño
14. a pesar de, aunque se habían hallado   15. pósteres, avisos   16. suscritos   17. molestado
18. amenazado con un arma de fuego

El Ministerio del Interior ha ordenado a las fuerzas de seguridad que consideren prioritaria la resolución del caso.

Las primeras pesquisas[19] policiales apuntan como sospechosos a individuos neonazis, de ideología ultraderechista. Balas de calibre 9 milímetros Parabellum acabaron con la vida de Lucrecia Pérez e hirieron a sus compatriotas; han sido fabricadas en España y son de un tipo usado casi exclusivamente por militares y policías, aunque se encuentran en el mercado negro.

El delegado del Gobierno en Madrid dijo que las investigaciones apuntan a "grupos de extrema derecha y neonazis", y anunció un refuerzo de las medidas de seguridad para el próximo viernes 20, decimoséptimo aniversario de la muerte de Franco.

Las autoridades se han comprometido[20] a buscar un local seguro donde puedan reunirse los dominicanos en Madrid.

---

19. investigaciones   20. han prometido y lo harán

REFLEXIÓN

A. Organice la información de estos dos artículos. Prepare una lista de datos que respondan a las siguientes preguntas:

¿Qué?

¿Quién?

¿Cuándo?

¿Cómo?

¿Dónde?

¿Por qué?

B. Con otros estudiantes, relate las dos noticias de memoria, aportando cuanta información recuerde hasta reconstruir todos los puntos importantes. Trate de emplear el nuevo vocabulario y de recordar la información en el orden en que aparece en los artículos. Al terminar, repase los artículos para buscar la información omitida. Clarifique esta información.

"Una colonia de 15.000 personas que crece día a día"

Madrid. Algo menos de 15.000 personas forman la colonia dominicana en España. Un total de 11.000 residentes se acogieron[1] a principios[2] de año al proceso de regularización[3], según datos de la embajada del país caribeño en Madrid.

Otro grupo menos numeroso, entre 2.500 y 3.000, está en vías de legalizar su situación. "Hemos sido el país latinoamericano más beneficiado por la regularización", afirma el embajador, Rafael Gautreau. Ocho de cada diez inmigrantes a España de la República Dominicana son mujeres y trabajan en el servicio doméstico. Este hecho explica su fuerte concentración en Madrid, y en particular en las zonas residenciales como la de Aravaca.

El embajador rechaza[4] la idea de que muchas se dedican a la prostitución o al tráfico de drogas. "La mayoría trabajan en casas donde se les encomienda el cuidado de los niños[5]", afirma, "lo que significa que se deposita en ellas una confianza importante. Puede haber casos de comportamiento delictivo[6], como en toda comunidad, pero son excepciones".

La inmigración a España, sobre todo de mujeres, va a continuar, previsiblemente, en los próximos años. Tradicionalmente, la emigración dominicana se ha dirigido a EE.UU., Puerto Rico, y Venezuela. No obstante, la crisis económica ha dificultado cada vez más la entrada en estos países y los ha convertido en destinos menos atractivos. Paralelamente, la atracción de España ha ido en aumento, movida por el crecimiento económico de los últimos años y la demanda de personal para los trabajos domésticos. La República Dominicana es

> **La República Dominicana es uno de los tres primeros países de origen de demandantes de asilo y refugio político en España, aunque prácticamente todas las solicitudes son rechazadas por el Ministerio del Interior.**

1. se unieron a, se plegaron   2. al comienzo de   3. legalización de su situación laboral   4. refuta
5. se pone el cuidado de los niños en sus manos   6. criminal

uno de los tres primeros países de origen de demandantes de asilo y refugio político en España, aunque prácticamente todas las solicitudes[7] son rechazadas por el Ministerio del Interior. Las autoridades de Madrid consideran que no existe allí persecución política que justifique el asilo.

"No es delito ser pobre"

Por otra parte, cuatro organizaciones de dominicanos en España manifestaron[8] el sábado 14 su "repulsa y horror ante la brutal agresión y asesinato" del día anterior en Aravaca e hicieron un llamamiento contra el racismo porque "no es delito ser pobre".

El embajador dominicano —que informó por teléfono al presidente de la República Dominicana, Joaquín Balaguer—

hizo un llamamiento a la calma de sus compatriotas y advirtió que una reacción violenta o incontrolada[9] "quizá les convendría a los grupos radicales". Según la Asociación de Mujeres Dominicanas en España, el Voluntariado de Madres Dominicanas, la Asociación de Profesionales y la Asociación de Dominicanos en España, el atentado[10] "no es, de ningún modo, un hecho aislado producto de seres irracionales e incontrolados". Por el contrario, consideran que es el resultado de un proceso iniciado con la protesta de algunos vecinos contra las reuniones semanales[11] de dominicanos y continuado con la difusión de acusaciones falsas.

---

7. peticiones, pedidos   8. expresaron   9. que no tiene control, sin control   10. ataque, crimen
11. que ocurren cada semana

F. Peregil / J. A. Carbajo
"Cuatro balas para cuatro rosas"

Madrid. Primero apedrearon[1] La Brisa del Sur, el bar donde se reúnen los dominicanos en Aravaca. Luego pegaron carteles[2] contra la inmigración. Ahora asesinan a Lucrecia Pérez, de 33 años, y dejan malherido a un compatriota. Y pudieron ser más.

Pedradas, amenazas y tiros. Todo ha ocurrido en 15 días, a pesar de que los dominicanos llevan dos años concentrándose en la plaza de la Corona Boreal de Aravaca, un barrio de 9.000 habitantes. El sábado 14 volvieron a reunirse allí. Esta vez en una manifestación de duelo[3]. Claveles y rosas envolvían un cartel apoyado en una farola de *su* plaza: "Hermana Lucrecia, tu crimen no quedará así. Castigo[4] para los asesinos".

Sin embargo, los comerciantes de la zona no temen a los dominicanos. "Son inofensivos. Yo no he visto droga ni delincuencia, aunque sí algo de prostitución", comenta uno de ellos. Aravaca, ahora, está dividida y tiene miedo. Muchos vecinos reconocen que no les gusta la presencia de los dominicanos porque "gritan mucho", "se reúnen demasiados en un espacio muy pequeño" o "dicen palabrotas[5]".

"Ahora no sé qué va a pasar", comenta el carpintero Amando. "Mi tía, que tiene una frutería, está horrorizada. Ella está en contra de los inmigrantes porque dice que quitan el trabajo a los españoles". El sobrino, sin embargo, llevaba en el pecho un lazo negro prendido con un alfiler. El médico de la casa de socorro, también cercana a la plaza, no tiene noticias de incidentes. "Sólo hemos atendido a dominicanos heridos en reyertas[6] entre ellos, sobre todo los sábados", comenta.

En lo que queda de la discoteca *Four Roses* (Cuatro Rosas), los dominicanos van a dormir. Allí espera Ismael Amador que lleguen los jueves y los domingos para poder ver a su mujer, interna[7] en una casa por 60.000 pesetas (unos 600 dólares) en Madrid.

Hace años, en *Four Roses* no entraba nadie que vistiera calcetines blancos. En la puerta aparcaban coches de hasta 30 millones de pesetas, y de sus puertas salían clientes bronceados[8] por la nieve que pagaban 1.000 pesetas por cada copa. Ahora, *Four Roses* se asemeja[9] a un teatro romano en ruinas, con columnas blancas de tres metros, por donde pasean unos 30 dominicanos que aprietan[10] los dientes con indignación.

---

1. tiraron piedras a   2. colgaron pósteres   3. manifestación de la tristeza causada por la muerte de alguien
4. pena que se impone al que ha cometido un crimen   5. malas palabras   6. disputas, luchas, peleas
7. recibiendo atención médica o psicológica   8. que se han puesto color bronce, que se han puesto morenos   9. se parece, es semejante a   10. oprimen, cierran con fuerza

REFLEXIÓN

A. Use "Una colonia…" para discutir en clase el caso de los refugiados dominicanos en España comparado/contrastado con la situación de un grupo de refugiados en los Estados Unidos.

B. Compare también un barrio americano que conoce con el barrio descrito en "Cuatro balas…".

LECTURA 5

"En Madrid, contra el racismo"

Miles de personas —12.000, según la policía— se manifestaron el sábado 21 en Madrid para rechazar el racismo y la xenofobia. Ocho días después del asesinato de la inmigrante dominicana Lucrecia Pérez, representantes de los partidos y las fuerzas sindicales[1] encabezaron[2] una marcha protagonizada por madrileños e inmigrantes. En Pamplona y Córdoba hubo actos similares. Al final del recorrido madrileño, el pintor Juan Genovés alertó para que la ola[3] de racismo en Europa "no pueda echar raíces[4] en España". En la cabecera[5] de la manifestación, sujetando la pancarta[6], se dio cita una representación de todo el espectro político madrileño, desde el presidente de la comunidad, Joaquín Leguina (PSOE), al alcalde, José María Álvarez del Manzano (PP). Poco después llegó a la cabecera María Méndez, tía de la dominicana asesinada. Joaquín Leguina le cedió[7] su sitio. El alcalde fue abucheado[8] por un grupo de guineanos, a quienes se sumaron algunos manifestantes que hicieron extensiva la protesta a todos los políticos: "¡Hipócritas!", les gritaron. En la imagen, jóvenes manifestantes con la cara pintada de blanco y negro.

---

1. de un sindicato o   2. fueron los líderes de   3. onda, movimiento   4. plantarse, crecer   5. frente, parte delantera   6. cartel largo con frases que se lleva en las manifestaciones públicas   7. dio   8. desaprobado por un público con gritos y ruidos

Victorino Ruiz de Azúa
"Los dominicanos piden ayuda contra el racismo"

Inmigrantes y españoles llenan de flores la plaza de Aravaca en homenaje a la mujer asesinada

Unas 2.500 personas se concentraron el domingo 15 en el madrileño barrio de Aravaca para protestar por el primer asesinato racista perpetrado en España contra la dominicana Lucrecia Pérez Martos. Los reunidos corearon consignas[1] contra la ley de extranjería, contra el racismo y contra el ministro del Interior, José Luis Corcuera. Un sector minoritario, que no respetó ni a los oradores dominicanos intentó sin éxito[2] imponer consignas calificando[3] al Gobierno socialista español de fascista.

Madrid. La plaza de la Corona Boreal, escenario de los primeros roces[4] entre inmigrantes y un sector de los vecinos, se convirtió en centro del homenaje póstumo[5] a Lucrecia Pérez Martos, asesinada el viernes 13 por pistoleros enmascarados. Familiares de la víctima permanecieron en la calle toda la madrugada[6] y la mañana del domingo 15, mientras el Centro Cívico de la Junta Municipal de Moncloa, cuya fachada[7] da a la plaza, seguía cerrado a cal y canto[8].

En los corrillos[9], los comentarios de los inmigrantes hablaban más de dolor y de desconcierto que de indignación o protesta. Sólo una queja, prácticamente unánime: las autoridades españolas han esperado a que haya un muerto sobre la mesa para iniciar el diálogo y comprometerse a facilitar un local de reunión y de refugio a la colonia dominicana en la zona norte de Madrid.

El origen de las fricciones entre inmigrantes y vecinos durante los últimos meses fueron las concentraciones de dominicanos en dicha plaza, los jueves y los domingos, a falta de un local cerrado. Todas las solicitudes[10] para conseguir el

---

1. lemas   2. triunfo, victoria, un resultado feliz   3. llamando (fascista al gobierno socialista)
4. fricciones   5. después de la muerte de   6. alba, principio del día   7. parte delantera y exterior de un edificio   8. firmemente, fuertemente   9. grupo de personas dentro de un grupo más grande que se juntan para hablar y normalmente se separan del resto de los presentes   10. peticiones, pedidos

uso de una sala del Centro Cívico Municipal obtuvieron respuesta negativa.

Algunos vecinos responsabilizan al concejal[11] presidente de la Junta Municipal del Distrito de Moncloa, Luis Molina, del PP, al que acusan de incumplir[12] desde marzo una moción aprobada por mayoría para que se cedieran[13] locales a los dominicanos y se organizaran actividades sociales para facilitar su integración. La concejala del PSOE Patro Las Heras calificó de "vergüenza pública" la ausencia del grupo mayoritario del Ayuntamiento de Madrid de todos los actos de duelo y el cierre del Centro Cívico, mientras representantes de las asociaciones de dominicanos y familiares de la mujer asesinada pasaban la madrugada a la intemperie[14], con el suelo convertido por la lluvia en un barrizal[15].

IU y el PSOE enviaron representaciones oficiales y coronas de flores, y una delegación de CC OO acudió para mostrar su solidaridad. También se desplazó el embajador de la República Dominicana en Madrid, Rafael Gautreau.

Con la excepción de algunos pocos residentes en Aravaca, que fueron a depositar flores, los vecinos rehuyeron[16] el contacto con los inmigrantes. Se limitaron a contemplarlos tras los visillos[17] o a mirar de reojo[18] mientras entraban o salían de la pastelería de la esquina.

Portavoces[19] de la comunidad dominicana dirigieron la palabra para pedir diálogo, reconocimiento de derechos a los inmigrantes y colaboración de todos para frenar[20] las corrientes xenófobas. Los oradores insistieron en que no se puede responsabilizar del crimen a los españoles "sino a una minoría recalcitrante".

Mientras, José Luis Corcuera confirmó el domingo 15 en Bilbao que las balas que acabaron con la vida de Lucrecia Pérez Martos, "eran de procedencia [de la fábrica de] Santa Barbara, que es al parecer la munición, si todo se confirma, que utiliza el Ejército".

> **Los oradores insistieron en que no se puede responsabilizar del crimen a los españoles "sino a una minoría recalcitrante".**

---

11. individuo de un concejo o ayuntamiento, es decir del gobierno de un pueblo   12. no observar, evitar
13. dieran, dejaran   14. en el mal tiempo   15. cenagal, sitio lleno de barro o lodo   16. evitaron
17. cortinas   18. mirar disimuladamente dirigiendo la vista por encima del hombro   19. líderes,
autoridades que hablan y representan a un grupo   20. parar

FERNANDO ORGAMBIDES

"La indignación se extiende por la República Dominicana"

Santo Domingo. Los dominicanos no se explicaban todavía el lunes 16 que su compatriota Lucrecia Pérez Martos hubiera sido víctima de un crimen racista en un país como España que está fuertemente comprometido[1] en cuanto a inversiones[2] en esta isla caribeña. La única reacción pública, pese a la indignación general, que se extiende entre la población, ha sido la del Gobierno del anciano Joaquín Balaguer, que ha reclamado con moderación a las autoridades españolas que se tomen especial interés por descubrir a los culpables[3].

La agitación de momento sólo viene de algunos periódicos. De hecho, el tráfico ilegal de dominicanos hacia España ha sido objeto de reiteradas denuncias en este país y, especialmente, las condiciones de sobre-explotacion a que se ven sometidas[4] muchas de esas personas. Los niveles de pobreza en la isla, cerradas cada vez más las posibilidades de emigración a Estados Unidos, ha obligado a muchas mujeres a elegir el camino de Europa o Centroamérica en busca de ingresos[5] para enviar a sus familiares.

El idioma común las lleva a España o a Panamá. Dejan atrás incluso a sus familiares, como es el caso de Lucrecia Pérez, que tiene en su población natal, Campos de Vicente Noble (suroeste de la isla) a su marido y a su hija. A veces se pasan hasta un año recolectando el importe[6] del billete de avión, que incluye las escalas más dispares[7] para evitar así la sospecha del funcionario policial del aeropuerto de destino.

> **A veces se pasan hasta un año recolectando el importe del billete de avión, que incluye las escalas más dispares para evitar así la sospecha del funcionario policial del aeropuerto de destino.**

1. con compromisos, cosas a cumplir   2. operación monetaria que consiste en poner dinero en algo para obtener ganancias   3. los que tienen la culpa, los que han cometido el crimen   4. subordinadas o dominadas, (como esclavos)   5. dinero, ganancias   6. precio, costo   7. diferentes, raras

PRENSA GENEROSA

La prensa dominicana ha sido extremadamente generosa en sus editoriales. Condenan el crimen, pero justifican a la policía española cuando ésta persigue a los indocumentados, como señalaba el domingo 15 *Listín Diario*. Otro periódico, *El Nacional*, se detiene también en la solidaridad que este caso ha despertado en un sector mayoritario de la sociedad española.

España, en Santo Domingo, es sumamente familiar y cercana. El Gobierno es el más proespañol de toda América. El turismo está prácticamente en manos de españoles. Iberia montó recientemente su campo de operaciones en la isla y prestigiosas firmas del ramo de la alimentación[8] o empresas hidroeléctricas han montado allí sus reales[9]. El Gobierno de Balaguer acoge[10] a un grupo de etarras[11], entre los que se encuentra su dirigente Antxon Etxeveste.

8. negocio de la comida   9. dineros   10. da refugio a   11. miembros del grupo terrorista ETA del País Vasco

REFLEXIÓN

A. Comente algunos hechos acontecidos en los Estados Unidos que han precipitado reacciones contra el racismo similares a las provocadas por los sucedido en Madrid. ¿Qué influencia mundial tienen los neonazis y otros grupos ultraderechistas que tienen como fundamento el odio racial?

B. Escriba una carta al Editor de *El País* expresando su perspectiva personal del racismo y sus reacciones ante el trágico suceso de Madrid.

C. Piense un momento en todo lo que ya se conoce del asunto madrileño/dominicano. ¿Qué otra información le gustaría proporcionar al público? Suponga que le hayan pedido otro artículo relacionado con esa tragedia. Anote aquí en qué centraría su artículo, los aspectos del asunto que investigaría y por qué:

Punto central:

Aspectos:

Razones:

Ahora, prepare un bosquejo de los datos que tendría que buscar antes de escribir su artículo.

CH. Por último, considere la posibilidad de entrevistar a personas relacionadas con el asunto (la policía, parientes de la víctima, dominicanos en España, residentes del barrio Aravaca, ultraderechistas, etcétera). Indique a quién o a quiénes intentaría entrevistar y las diversas preguntas que les haría: (Véase el Capítulo 2: Entrevista)

Persona(s) a las que entrevistar:

Razones:

Preguntas que le(s) haría:

III. REDACCIÓN

Ahora, usted y sus colegas se prepararán para publicar su propio periódico dirigido al Departamento de Español. Concéntrese por el momento en el *proceso,* y no en el *producto.*

A. En primer lugar, examinen detenidamente la construcción de los siete artículos de *El País,* con el fin de imitarla en su propia publicación:

1. Pasen al primer artículo ("La violencia xenófoba") y preparen un bosquejo que indique la *función* de los cinco párrafos:

   Párrafo 1.

   Párrafo 2.

   Párrafo 3.

   Párrafo 4.

   Párrafo 5.

2. Habrán notado que los siete artículos tratan el mismo tema pero tienen *finalidades distintas.* Comenten los artículos en cuanto a su finalidad, contenido, longitud de las frases, presentación de los datos y claridad. ¿Qué influencia tiene la finalidad de un artículo en su construcción?

	Finalidad	Contenido
Artículo 1.		
Artículo 2.		
Artículo 3.		

Artículo 4.

Artículo 5.

Artículo 6.

Artículo 7.

B.   Discutan la orientación y estructuración de su periódico.

1.   Piensen en la concepción y el formato del periódico que van a publicar; recuerden que estará dirigido a estudiantes, profesores y otras personas interesadas en temas hispanoamericanos o en español.

2.   Consigan primero copias de *El País* u otros periódicos peninsulares o hispanoamericanos. Hagan comparaciones y contrastes entre ellos y luego preparen cada uno una lista de elementos y secciones que les gustaría incluir en su propio periódico: asuntos internacionales, entrevistas, noticias del Departamento, de la ciudad universitaria y del pueblo, editoriales, cartas abiertas, y otros.

3.   Comparen sus listas; decidan los elementos y secciones que van a incluir además de un nombre apropiado al periódico.

C.   Y ahora, manos a la obra. Suponga que el periódico del Departamento ha obtenido permiso para publicar artículos que contengan información extraída de los artículos originales de *El País*.

Seleccione una de las dos posibilidades siguientes:

1.   Escoja los dos artículos que le parecen más interesantes y luego escriba el bosquejo de un tercer artículo breve escrito desde una perspectiva norteamericana. Defiendan su decisión y el bosquejo en una reunión de colegas.

2.   Escriba el bosquejo de un artículo nuevo. Use datos específicos, y presente información relativa a los siete artículos, desde un punto de vista norteamericano.

3.   Exponga los bosquejos en una reunión de colegas y coméntelos.

CH. En este punto es necesario que la clase esté bien organizada; cada persona tendrá que contribuir con varios artículos al periódico, cuyo número será determinado por el instructor. Dos miembros de la clase serán los coeditores.

Bosquejo

1. Consiga todos los datos necesarios para escribir el artículo.

2. Prevea los intereses, las necesidades y las preguntas de los lectores que no forman parte de la clase.

3. Escriba la finalidad del artículo —no más de una frase.

4. Determine el tono y el punto de vista que empleará.

5. Por último, escriba el bosquejo —algo imprescindible en la organización de un trabajo escrito.

Borrador

1. No se olvide de los requisitos de la escritura periodística: *exactitud, claridad, interés, utilidad.*

2. Escriba el borrador de acuerdo con el bosquejo.

Comentarios

1. Pase el borrador a los revisores, quienes harán comentarios por escrito acerca del trabajo.

2. Revise el artículo teniendo en cuenta las sugerencias de los editores.

Correcciones

1. Lea de nuevo el artículo.

2. Busque errores de gramática, ortografía y acentuación.

Revisión

1. Lean los artículos en voz alta ante sus colegas.

2. Hagan los últimos cambios necesarios.

3. Publiquen y distribuyan el periódico.

IV. SÍNTESIS

Se espera que la primera edición del periódico tenga gran éxito en la comunidad universitaria y que haya sido una buena experiencia para todos. Siempre existe la posibilidad de continuar la publicación durante el resto del semestre, aplicando, por ejemplo, las destrezas que aprenderá en los capítulos siguientes: cartas de consejos a los "heridos de amor" (Capítulo 7), anuncios (Capítulo 8), informes técnicos (Capítulo 9) y reseñas de libros y películas (Capítulo 10).

❀❀ CAPÍTULO 6 ❀❀

EL CUENTO TRADICIONAL

I. GÉNERO: LA NARRATIVA

El género de la narrativa consta en parte del magnífico cuento tradicional. Este componente de la gran fuente literaria de la narración incluye las arraigadas tradiciones populares que nos llegan en forma de leyendas, mitos, fábulas y cuentos de hadas. Desde la antigüedad, los pueblos de todo continente han traducido lo terrenal en mágico transmitiéndonos su cultura mediante estos recursos literarios. Se dice que un cuento no tiene existencia plena hasta que alguien lo haya leído o contado.

Los cuentos, tanto reales como fantásticos, han constituido siempre el primer contacto del niño con la literatura.

En este capítulo se presentan cinco modelos diferentes que los estudiantes podrán seguir para crear su propio cuento siguiendo este género de la narrativa tradicional.

II. OBSERVACIÓN

PREPARACIÓN

A. Analice los elementos de la estructura narrativa que se indican a continuación:

LA REDACCIÓN DE UNA NARRACIÓN

1. **Decisiones:** El escritor de cuentos tiene numerosas opciones a la hora de determinar el estilo, estructura y temática de su relato. Ciertamente, existen reglas convencionales, o costumbres para la redacción de un cuento pero, en última instancia, es el escritor mismo quien decide las reglas que más le convienen a su cuento. Cualesquiera que sean la alternativas que seleccione el autor o los recursos de los que se sirva, el cuento debe formar una unidad coherente a los ojos del lector. En cuanto a la selección del tema, el cuentista tiene que afrontar esta decisión en una etapa temprana de la redacción del cuento.

2. **Tema:** Es útil distinguir entre **tema** y **contenido.** Podríamos decir, por ejemplo, que el tema se refiere al prejuicio; el prejuicio es el **tema** del cuento, un tema que existiría aun si el cuento nunca se hubiera escrito. Por otra parte, el **contenido** es lo que hay en el cuento, es decir, la forma del cuento. Generalmente, el contenido de un cuento es más complejo que el tema. No obstante, el escritor novel de ficción se dará cuenta de que algunos temas le convienen y otros no. Un desafío importante para el cuentista es transformar el tema en argumento. Los mejores cuentos dependen mucho más de un argumento excepcional que de un tema interesante, aunque muchos lectores, lamentablemente, escogen un cuento por el tema.

3. **Argumento o trama:** El argumento, o trama, no sólo trata de los *acontecimientos* de un cuento, sino también del *orden* de los mismos. Un método tradicional, consiste en dividir el cuento de la siguiente manera: (1) comienzo, (2) conflicto, y (3) desenlace.

   A continuación se presentan estos elementos para su consideración:

El *comienzo:* Típicamente, la función principal del comienzo de un cuento o **exposición,** es brindar al lector información sobre la historia. Otra función importante del comienzo es establecer la posibilidad de que la situación expuesta vaya a verse modificada. El lector de un cuento presiente un elemento de inestabilidad.

El *conflicto:* La inestabilidad que se ha establecido en el comienzo de un cuento abre la puerta al conflicto, que el escritor desarrolla hacia la mitad del cuento. La transición del conflicto hacia el punto de más intensidad se llama complicación. El punto más intenso del cuento es el **clímax**; de allí en adelante, las consecuencias del cuento son inevitables.

El *desenlace:* La parte final de un cuento narra el desenlace, o resultado del conflicto expuesto. Las tres divisiones principales deben formar un conjunto coherente.

B. Identifique los siguientes cuentos de hadas y luego complete, ya sea por su cuenta o junto con otros, el siguiente cuadro:

	Tema	**Trama:** (Comienzo, conflicto, desenlace)
Caperucita Roja		
Blancanieves		
La Cenicienta		

C. Señale el cuento de hadas favorito de su niñez y explique por qué era su preferido. Trate de explicarlo desde el punto de vista del niño que era usted entonces. Incluya la tradición de su familia con respecto a la lectura de cuentos; por ejemplo, si se leían de día o a la hora de acostarse.

CH. No se puede contar cuentos sin dominar el pretérito perfecto y el imperfecto. Recuerde que aquí sólo se presentan algunos ejemplos del uso del pretérito perfecto y del imperfecto. Para tener una explicación más amplia, será necesario consultar una gramática española de referencia.

D. Lea a continuación las selecciones de unos populares cuentos de hadas. Identifique lo siguiente: (1) el cuento de donde proviene la cita, (2) el tiempo del verbo, ya sea pretérito perfecto o imperfecto y (3) la función del verbo.

1. "La madrastra y sus dos hijas no podían soportar su bondad, y la trataban como una criada."

2. "La gente de los alrededores la llamaba así porque siempre llevaba una capa con roja una caperuza de dicho color."

3. "Érase que se era un leñador que vivía con su mujer y sus dos hijos en lo más profundo de un bosque."

4. "El hijo menor quedó muy triste por lo pobre de su herencia, pero el gato, para consolarle, aseguró a su nuevo amo que juntos harían grandes cosas."

5. "Nada le quedaba ya de su esplendor anterior, excepto uno de sus zapatitos de cristal, el que no había perdido."

6. "La malvada reina estrelló el espejo contra el suelo que se hizo mil pedazos."

7. "Era tan feliz que olvidó la advertencia del hada madrina."

8. "Como ganaba muy poco dinero y no podía darles de comer, una noche decidieron su esposa y él, abandonar a los niños en el bosque."

9. "Cuando entró en la casa y se acercó a la cama, encontró a su supuesta abuela asombrosamente cambiada."

10. "Desde entonces, su vida estuvo llena de felicidad."

E. De vez en cuando se oyen expresiones como, "Su vida es un cuento de hadas" o "Fue una noche de infierno". Escriba cuentos breves según las sugerencias que siguen:

1. un día de "cuento de hadas"

2. un día de "cuento de miedo"

F. Se dice que típicamente, en un día normal, una persona cuenta docenas de "mentiras piadosas" (mentiras inocuas, que no hacen daño). Revele algunas que haya contado recientemente y el contexto en que las contó. O, si prefiere, relate un embuste —una exageración desmesurada de algo— que usted haya contado alguna vez.

G. Imagínese un viaje en avión sentado al lado de un(a) desconocido(a) muy atractivo(a). Invente el cuento de su vida para impresionar a su oyente.

La casita de chocolate

Once upon a time *wood cutter*

Érase que se era un leñador que vivía con su mujer y sus hijos Hansel y Gretel en lo más profundo de un bosque. Como ganaba muy poco dinero y no podía darles de comer, una noche decidieron su esposa y él, abandonar a los niños en el bosque, pensando que alguna persona de buen corazón les recogería, y así no pasarían hambre.

Al día siguiente el leñador salió con sus hijos muy temprano, mientras la madre quedaba llorando amargamente pensando que nunca volvería a ver a sus hijitos.

Caminaron y caminaron, y por fin se sentaron a descansar, momento que el padre aprovechó para decir:

—Esperad aquí un rato, que yo voy a cortar leña, y en seguida volveré.

Pero pasó el tiempo, se hizo de noche, y al ver que no volvía, Gretel empezó a llorar.

—¡Hansel, tengo miedo!

—No temas, Gretel, yo te protegeré para que nada te ocurra.

Y los dos comenzaron a discurrir alguna manera de regresar a casa.

De pronto, vieron entre los árboles el brillo de una luz, y hacia ella se dirigieron con la esperanza de encontrar a alguien que les pudiera ayudar. Y se encontraron con una casa cuyas paredes, así como el tejado eran de chocolate, las ventanas de turrón, y la puerta de caramelo. ¡No podían creer lo que estaban viendo! Y como tenían mucha hambre, empezaron a coger trozos y comérselos... Hasta que de

poor woodcutter & wife leave kids in woods in hope someone take them in

pronto apareció en la puerta de la casa una mujer muy vieja y muy fea que les dijo:

—¡Hola niños, si tenéis hambre no os comáis mi casa, pasad, y os prepararé una rica cena con muchos dulces!

Los niños, muy contentos, entraron, pero en cuanto los tuvo dentro la vieja bruja encerró a Hansel en una jaula y gritó a Gretel:

—¡Vamos, limpia toda la casa, y dale comida a tu hermano para que se ponga muy gordo, y me lo pueda comer asado!

Así pasaron muchos días, y cada noche la bruja decía a Hansel que sacara un dedo, para ver si engordaba, pero él le enseñaba un huesecito, y la vieja se enfadaba porque no aumentaba de peso. Cansada al ver que Hansel no engordaba, ordenó a Gretel:

—¡Niña, llena el horno de leña, y enciéndelo, porque esta noche me comeré a tu hermano esté como esté.

Gretel se puso a llorar con desconsuelo, pero de repente se le ocurrió una idea, y dijo a la bruja:

—¡Señora, no alcanzo a la boca del horno, soy demasiado pequeña!

—¡Bah! ¡Eres una inútil, deja, lo haré yo!

Y cuando la bruja se asomó a la boca del horno para encender el fuego, Gretel la empujó hacia adentro, y cerró rápidamente la puerta. La bruja gritó desesperadamente, pero Gretel no le hizo caso, y corrió a sacar a su hermano de la jaula.

Los dos niños huyeron rápidamente de la casa, no sin antes haber cogido un enorme tesoro y monedas de oro que la vieja guardaba en un cofre.

Entonces los animales del bosque, muy contentos por haberse liberado de la malvada bruja, les ayudaron a volver a su casa, donde encontraron a sus padres llorando arrepentidos.

Gracias al tesoro de la bruja, pudieron desde entonces vivir muy felices, y no se separaron jamás.

REFLEXIÓN

¿Cuánto tiempo hace que no lee este cuento de hadas? ¿Cómo reaccionó hoy al leerlo de nuevo? Describa algunas de sus opiniones positivas y/o negativas sobre este cuento y sobre los cuentos de hadas en general desde su perspectiva de adulto en cuanto a imaginación, idealismo, sexismo, violencia, y estereotipos. Comente cómo influyeron en usted los cuentos de su niñez.

RICARDO PALMA
"Contra pereza diligencia"

A mi hijo Vital

¿Conque tú también quieres que papá te cuente un cuento? Para ti tengo todo un almacén de cuentos. Allá va uno, y que te aproveche como si fuera leche.

Esta era una viejecita que se llamaba doña Quirina, y que cuando yo era niño vivía cerca de mi casa. Habitaba un cuartito que, por lo limpio, parecía una tacita de porcelana.

Y en este cuarto lo que sobre todo atraía mis miradas infantiles era un herradura de hierro. Doña Quirina era supersticiosa. Creía que en casa donde se conserva con veneración una herradura de mulo o de caballo no penetra la pestilencia, ni falta pan, ni entra la desventura.

¿En qué fundaba la viejecita las virtudes que atribuía a la herradura? Yo te lo voy a contar, Vital mío, tal como doña Quirina me lo contó.

* * *

Pues has de saber, hijito, que cuando Nuestro Señor Jesucristo vivía en este mundo pecador, desenmascarando a pícaros e hipócritas y haciendo milagros y andando en compañía de San Pedro, tropezó en su camino con una herradura vieja, y volviéndose al apóstol, que marchaba detrás de su divino Maestro, le dijo:

—Perico, recoge eso y échalo en el morral.

San Pedro se hizo el sueco, murmurando: —¡Pues hombre, vaya una idea! ¡Agacharme yo por un pedazo de hierro viejo!

El Señor, que leía en el pensamiento de los humanos como en libro abierto, leyó esto en el espíritu de su apóstol, y en vez de repetir la orden prefirió inclinarse él mismo, recoger la herradura y guardarla en la manga.

En este momento llegaron los dos viajeros a una aldea, y al pasar por la tienda de un herrador dijo Cristo:

—Hermano ¿quieres comprarme esta herradura?

El herrador la miró, la golpeó, y convencido de que con poco trabajo la herradura quedaría como nueva, contestó:

—Doy por ella dos centavos.

—Venga el cobre —comentó el Señor.

Pagó el herrador, y los peregrinos continuaron su marcha.

Al extremo de la aldea encontraron a un chiquillo con un cesto en la mano y que gritaba:

—¡Cerezas! ¡A centavo la docena!

—Dame dos docenas —dijo Cristo.

Y los dos centavos, precio de la herradura, pasaron a manos del muchacho, y las veinticuatro cerezas se las guardó el Señor en la manga.

Hacía entonces un calor de infierno y San Pedro, que caminaba siempre tras el Maestro, iba echando los bofes, y habría dado la vida por un poco de agua.

El Señor, de rato en rato, metía la mano en la manga y llevaba a la boca una cereza; y al mismo tiempo dejaba caer otra, que San Pedro se agachaba a recoger, comiéndosela en seguida.

Después de haber comido el apóstol hasta media docena de cerezas, se sonrió el Señor y le dijo:

—Ya lo ves, Pedro: por no haberte agachado una vez, has tenido que hacerlo seis veces. Contra pereza diligencia.

Y desde entonces una herradura en la casa trae la felicidad.

REFLEXIÓN

A. Esta historia relata cómo la herradura llegó a simbolizar la suerte. Antes de leer la historia siguiente, responda a estas preguntas:

1. ¿Se considera usted una persona de buena o mala suerte?

2. ¿Es usted supersticioso?

3. ¿Le interesa leer su horóscopo?

4. ¿Qué influencia tiene el concepto de suerte o superstición en su vida de adulto? ¿Y en su niñez? Por ejemplo, ¿qué hace o no hace (hacía o no hacía) por influencia de la superstición?

B. Ahora, lea el cuento de nuevo, pensando especialmente en el punto de vista de San Pedro. ¿Cómo cambió su impresión del cuento al leerlo desde una nueva perspectiva?

C. Comente la estructura narrativa del cuento .

"El fanático"
Aunque esta versión de la fábula "El fanático" se escribió para niños, ofrece
un mensaje para todos.

"El fanático"

Don Halcón era uno es esos animales que van por el mundo gritando, amenazando y atropellando a los demás. Creía que sus ideas eran las únicas verdaderas y no consentía que nadie le llevara la contraria.

—¡No, señor Loro! ¡Usted no tiene conocimientos! ¡Habla por hablar, a lo tonto! —decía don Halcón, rojo de ira, cuando estaba en plena conversación con don Loro. Nuestro protagonista bien se merecía el titulo de "fanático". Veía el mundo con las estrechas gafas de la ignorancia y de la terquedad y no toleraba que alguien pensase de distinto modo. Para colmo de males, sabía darle a la lengua y confundir a quienes no estaban seguros de sí mismos ni de sus ideas.

Un día, sin embargo, don Halcón tropezó con Mizifú, un gato adolescente de maneras reposadas y tranquilas. Don Halcón, que creía vérselas con un bebé, se daba aires de superioridad.

—Yo, sé mucho de todo y, no es que sea un vanidoso, pero jamás encuentro un rival de mi talla —dijo el inaguantable personaje, poniendo un gesto de marqués.

—En eso tiene razón, porque es muy difícil encontrar a alguien tan pedante, fatuo y repelente como usted, don Halcón. ¿Sabe? El perfecto ignorante es aquel que imagina saberlo todo, y usted es el vivo espejo de ese ejemplar tan despreciable —le contestó Mizifú, dejándole de piedra. Por primera vez, don Halcón había encontrado la horma de su zapato.

Sustituya el nombre de Don Halcón por el nombre de un fanático a quien usted conoce. Luego escriba de nuevo el primer párrafo. En el segundo párrafo, escriba unas líneas de diálogo. ¿Cómo terminará la fábula?

LECTURA 4

"El amor y la locura"
La Fontaine
Tanto en español como en inglés se dice que el amor es ciego.
Lea la siguiente fábula y sabrá por qué.

LA FONTAINE
"El amor y la locura"

Todo es misterio en el Amor, sus flechas, su carcaj, su antorcha, su niñez: larga tarea sería apurar esta ciencia. No pretendo explicarla toda en este lugar: mi objeto se reduce a decir, a mi modo, cómo perdió la vista el dios ciego, y qué consecuencias tuvo esa desgracia, que fue quizás una fortuna: júzguelo un amante; yo no me atrevo a decidirlo.

Jugaban un día la Locura y el Amor: aún no había perdido éste la vista. Sobrevino una disputa: el Amor quería que se reuniese para resolverla el consejo de los dioses; la otra no tuvo tanto aguante, y le dio tal golpe, que le privó de la luz del día. Venus pidió venganza: mujer y madre, pensad si gritaría; aturdidos quedaron los dioses, Júpiter, Némesis, los jueces del infierno y toda la comparsa. Alegó la enormidad del hecho; ya no podría dar un paso su hijo sin el auxilio de un bastón; no había castigo suficiente para tal crimen: el daño, por otra parte, debía ser cumplidamente reparado.

Examinado con atención el interés público y el de la parte, el fallo del supremo tribunal fue condenar a la Locura a servir de guía al Amor.

REFLEXIÓN

Lea la última frase de la fábula: "Examinado con atención el interés público y el de la parte, el fallo del supremo tribunal fue condenar a la Locura a servir de guía al Amor."

Relate una experiencia personal en la cual la Locura sirvió de guía al Amor.

LECTURA 5

El Popol Vuh

Tanto el hombre moderno como el hombre de la Antigüedad ha buscando la verdadera historia de la creación del universo. La lectura siguiente ofrece unos fragmentos del libro sagrado *Popol Vuh* de los indios quichés de Guatemala. En una parte de aquel libro se hallan las historias de la formación del mundo y de sus dioses y hombres.

Como introducción a esta lectura, lea las palabras de Albertina Saravia E., una guatemalteca que trabajó durante ocho años para producir una adaptación excepcional del libro sagrado:

Cuando niña, oía yo embelesada a mi padre contar episodios del *Popol Vuh* y al llegar a los doce años, le pedí el libro para recrearme con su lectura. Me dio la edición de Villacorta y Rodas, la única que se conseguía por entonces. Debo confesar que no pude entenderlo, era un lenguaje demasiado enrevesado para mí, ¡tenía tantas repeticiones!, y aunque llegué al final, bien poco logré desentrañar de su contenido. Pero me quedó el deseo de que alguien lo escribiera al alcance de la comprensión de quienes lo leyeran, grandes y chicos. Pasaron los años, mas como ninguno lo redactó en la forma que deseaba, decidí hacerlo yo misma y después de haber trabajado durante ocho años quedó en su forma actual: una adaptación del *Libro Sagrado* ilustrada con dibujos de los *Códices Mayas*.

Albertina Saravia E.
Guatemala, octubre de 1954

Albertina Saravia E.
El Popol Vuh

Este es el principio de las antiguas historias del Quiché donde se referirá, declarará y manifestará lo claro y escondido del Creador y Formador, que es Madre y Padre de todo.

Antes de la Creación no había hombres, ni animales, pájaros, pescados, cangrejos, árboles, piedras, hoyos, barrancos, paja ni bejucos y no se manifestaba la faz de la tierra; el mar estaba suspenso y en el cielo no había cosa alguna que hiciera ruido. No había cosa en orden, cosa que tuviese que ser, si no es el mar y el agua que estaba en calma y así todo estaba en silencio y obscuridad como noche.

Solamente estaba el Señor y Creador, Gucumatz, Madre y Padre de todo lo que hay en el agua, llamado también Corazón del Cielo porque está en él y en él reside. Vino su palabra acompañada de los Señores Tepeu y Gucumatz y, confiriendo, consultando y teniendo consejo entre sí en medio de aquella obscuridad, se crearon todas las criaturas.

Primero fue creada la tierra, los montes y los llanos; dividiéronse los caminos del agua y salieron muchos arroyos por entre los cerros y, en algunas y señaladas partes, se detuvieron y rebalsaron las aguas y de este modo aparecieron las altas montañas.

Después de esto dispusieron crear a los animales, guardas de los montes: al venado, al pájaro, al león, al tigre, a la culebra, a la víbora y al cantil.

Y les fueron repartidas sus casas y habitaciones.

—"Tú, venado", dijeron, "habitarás y dormirás en las barrancas y en los caminos del agua, andarás entre la paja y las yerbas, y en el monte te multiplicarás; andarás y te pararás en cuatro pies."

Y a los pájaros les fue dicho:

—"Vosotros, pájaros, estaréis y habitaréis sobre los árboles y bejucos, allí haréis casa y habitación y allí os multiplicaréis; os sacudiréis y espulgaréis sobre las ramas de los árboles."

Y, tomando cada uno su habitación y morada conforme les había repartido el Creador, habitaron la tierra.

Y habiendo creado todos los pájaros y animales, les dijo el Creador:

—"Hablad y gritad según vuestra especie y diferencia; decid y alabad nuestro nombre; decid que somos vuestras Madres y Padres, pues lo somos. ¡Hablad, invocadnos y saludadnos!"

> **Probaron a juntar las palabras y saludar al Creador, pero no pudieron; por lo que fueron ultrajados y desechadas sus carnes, y de esta suerte son comidos y muertos todos los animales que hay aquí sobre la tierra.**

Pero aunque les fue mandado esto no pudieron hablar como los hombres sino que chillaron, cacarearon y gritaron.

Probaron a juntar las palabras y saludar al Creador, pero no pudieron; por lo que fueron ultrajados y desechadas sus carnes, y de esta suerte son comidos y muertos todos los animales que hay aquí sobre la tierra.

Al punto fue hecha de madera la imagen del hombre; se multiplicaron y tuvieron hijos e hijas pero salieron tontos, sin corazón ni entendimiento. Anduvieron sobre la tierra sin acordarse del Corazón del Cielo.

No tenían agilidad en los pies y las manos estaban sin sangre ni humedad, tenían secas y pálidas sus mejillas, los pies amarillos y macilenta su carne.

Multiplicándose los hombres de madera sobre la tierra llegaron a ser muchos.

REFLEXIÓN

A. En grupos de dos o tres estudiantes, preparen una comparación entre dos teorías de la creación: la del *Popol Vuh* y otra a su elección. Citen ejemplos tomados de los textos.

B. En el cuento tradicional se usa mucho el diálogo, por lo tanto es importante saber escribirlo para representar con habilidad la lengua viva. Al leer una conversación, el lector debe poder imaginarse las voces de los personajes. Si el diálogo no tiene un tono de autenticidad, al cuento le falta vida.

   Examine ahora las lecturas anteriores, buscando ejemplos de diálogo. Entre otras cosas, usted notará que no se usa repetidamente "dijo Fulano de Tal", más bien se recurre a alternativas como, por ejemplo:

—Me muero de hambre —anunció la niña.

—Me muero de hambre —se quejó la niña.

—Me muero de hambre —susurró la niña.

C. ¿Cuáles son las diferencias entre estas tres sencillas oraciones? Identifique el tono de cada frase, y también un contexto verosímil. Luego, haga una lista de otras alternativas a "dijo Fulano de Tal".

III. REDACCIÓN

Use las ideas siguientes como inspiración para escoger su composición final:

1. Comente la existencia de los héroes populares en el mundo moderno. ¿Hay algo o alguien "legendario" en nuestro mundo? Podría entrevistar a una persona anciana preguntándole acerca de los héroes de su niñez y luego compararlos con los de su mundo.

2. Escriba una leyenda que explique un fenómeno natural. Siga la estructura narrativa e incluya diálogo si así lo desea.

3. Escriba una fábula en la cual los animales conversan entre sí. No se olvide de la moraleja.

4. Elija un refrán escrito en español y cuente la historia que dio origen al mismo.

5. Escoja un cuento de hadas que le guste y

   a. escríbalo desde el punto de vista de otro personaje

   b. escríbalo como si tuviera lugar hoy

   c. escríbalo con un final diferente.

BOSQUEJO

Para hacer el bosquejo consulte la explicación de la estructura de una narración.

BORRADOR

Escriba el cuento con mucho cuidado, pensando en todas las decisiones que el escritor tiene que tomar. Consulte los modelos de este capítulo cuando sea necesario.

COMENTARIOS

Lea el trabajo de otro estudiante. Note en particular los siguientes elementos:

1. ¿Sigue el cuento las convenciones de la estructura narrativa?

2. ¿Es el diálogo vivo y auténtico?

3. ¿Cautiva el interés y estimula la imaginación?

4. ¿Hay alguna sección confusa? Señálela y haga sugerencias para mejorarla.

5. ¿Se ha empleado correctamente el pretérito perfecto y el imperfecto?

CORRECCIONES

Haga sus últimas correcciones teniendo en cuenta los comentarios de sus compañeros.

REVISIÓN

Redacte la versión definitiva.

IV. SÍNTESIS

Escribir y leer una narración es un proceso dinámico. El trabajo tanto del escritor como del lector es dar vida al cuento, creando su significado y elaborando su forma.

CAPÍTULO 7

COMUNICACIÓN ÍNTIMA

Sé feliz, hoja, siempre: nunca tengas otoño
—Rafael Alberti

(de *Retorno del amor en los vividos paisajes*)

I. GÉNERO: LA COMUNICACIÓN ÍNTIMA

Ya se ha dicho que el arte de escribir es compartir lo más profundo del cerebro y lo más conmovedor del corazón. En este capítulo nos concentramos específicamente en *lo más conmovedor del corazón.*

Ni el hombre ni la mujer puede sobrevivir en aislamiento. Uno de los placeres más profundos del ser humano es compartir la vida con otros mediante la comunicación íntima —la expresión de sus ideas más fascinantes, sus pensamientos íntimos más insondables y su cariño más hondo.

A veces no son necesarias las palabras para expresar lo que nos dicta el corazón.

Hasta este momento, usted se ha dedicado al trabajo en colaboración para describir a personas y lugares, narrar cuentos y comunicar noticias. Pero en este capítulo, se sentará a solas, callará, escuchará los dictados de su corazón y escribirá lo que oye.

El objetivo de este capítulo es aumentar su capacidad de comunicar las emociones —sus temores, dudas, su enojo, su pasión. Después de leer y comentar varios modelos del género de la comunicación íntima, usted escribirá su propia carta abierta al mundo.

II. OBSERVACIÓN

PREPARACIÓN

A. En el Capítulo 2 se repasó el uso del subjuntivo. Aquí nos concentraremos en el uso del subjuntivo en expresiones de emoción —encanto, pena, tristeza, sorpresa, alivio, miedo, enojo y vergüenza:

1. Me alegro de que...

2. Lamento que...

3. Perdóname que...

4. Me encanta que...

5. Me entristece que...

6. Me sorprende que...

7. Siento mucho que...

8. Me enfada que...

9. Temo que...

10. Me da vergüenza que . . .

B. Escriba una frase sincera y significativa con cada expresión de la Parte A anterior.

Ejemplo: Me alegro de que me hayan invitado a su casa.

C. Piense ahora en su juventud, y escriba diez oraciones significativas con las mismas expresiones de la Parte A anterior. No olvide cambiar estas últimas al pasado.

Luego escriba una frase complementaria, sin que necesariamente contenga un subjuntivo.

Ejemplo: Cuando era joven, temía que mis padres me abandonaran.

Era un chico bastante miedoso en aquel tiempo.

CH. Por último, mencione a unos parientes o amigos íntimos y escriba cinco frases acerca de ellos, empleando las expresiones de emoción.

Ejemplo: A todos nos entristece mucho que Ana y José hayan decidido separarse.

MÁS PREPARACIÓN

A. En la comunicación íntima es común soñar con un mundo ideal, un mundo de posibilidades sin límites. Este mundo de la imaginación se expresa mediante el uso de la construcción **Si + verbo: imperfecto del subjuntivo... verbo en condicional**

¡Si yo fuera pájaro, volaría a tu lado!

Si me amaras, sería feliz eternamente.

La construcción **si + imperfecto del subjuntivo** también equivale a "si solamente" y la construcción **como si + imperfecto del subjuntivo** equivale a "de igual manera que"

¡Si pudiéramos quedarnos jóvenes para siempre!

Empiezo el día como si estuvieras aquí todavía.

B. Prepárese para el Día de San Valentín. Escriba cinco frases románticas a varias personas amadas en las que utilice las construcciones anteriores.

LECTURA 1

"Me retracto de todo lo dicho"
Nicanor Parra
Nicanor Parra (1914–) es un poeta chileno conocido internacionalmente por sus "antipoemas". Su antipoesía es honesta, antilírica, y sólida. Quizás desilusionado de la expresión inadecuada de sus sentimientos, Parra termina su colección de antipoemas
(*Poemas y antipoemas,* Ed. Nacimiento, 1958), así:

Nicanor Parra
"Me retracto de todo lo dicho"

1 Antes de despedirme[1]
Tengo derecho a un último deseo:
Generoso lector
       quema[2] este libro
5 No representa lo que quise decir.

Mi situación no puede ser más triste
Fui derrotado[3] por mi propia sombra[4]:
Las palabras se vengaron[5] de mí.
10

Perdóname lector
Amistoso lector
Que no me pueda despedir de ti
Con un abrazo[6] fiel:
15 Me despido de ti
Con una triste sonrisa[7] forzada.

Puede que yo no sea más que eso
Pero oye mi última palabra:
20 Me retracto de todo lo dicho.
Con la mayor amargura[8] del mundo
Me retracto de todo lo que he dicho.

---

1. decir adiós 2. destruir o consumir con fuego 3. vencido 4. imagen oscura que un cuerpo opaco proyecta sobre una superficie al interceptar los rayos de luz 5. tomaron venganza 6. acción de abrazar (estrechar entre los brazos) 7. risa muy leve 8. tristeza profunda

REFLEXIÓN

A. Lea de nuevo el poema "Me retracto...". Marque todas las frases o palabras que, según su criterio, son más expresivas.

B. ¿En qué le hace pensar la frase "Tengo derecho a un último deseo"? ¿Por qué cree usted que Parra usa esta imagen?

C. ¿Qué adjetivos emplea Parra para describir al lector?

CH. ¿Piensa usted que el autor habla en serio o con sarcasmo en este poema? Defienda su posición.

D. Situación: Todo el mundo conoce la experiencia de enojarse con un amigo o un pariente. En estos momentos le decimos algo muy cruel. Nos arrepentimos después, pero es muy difícil disculparnos por el acto. Tal como lo hizo Parra, retráctese de "todo lo dicho" a otra persona en un momento de rabia. Discúlpese con sinceridad, explicándole exactamente lo que haría si pudiera volver atrás. Trate de comunicarle todas las emociones que siente.

LECTURA 2

Querido Diego, te abraza Quiela
Elena Poniatowska

Elena Poniatowska(1933–) es considerada una de las mejores escritoras de México. Sus obras —cuentos, novelas, ensayos, y crónicas— reflejan el estado de desequilibrio de la mujer mexicana contemporánea. Su obra de ficción llamada *Querido Diego, te abraza Quiela* es una novela epistolar basada en la verdadera relación amorosa de Diego Rivera y la pintora rusa Angelina Beloff.

Querido Diego, te abraza Quiela

19 de octubre de 1921

En el estudio, todo ha quedado igual, querido Diego, tus pinceles[1] se yerguen[2] en el vaso, muy limpios como a ti te gusta. Atesoro[3] hasta el más mínimo papel en que has trazado una línea. En la mañana, como si estuvieras presente, me siento a preparar las ilustraciones para *Floreal*. He abandonado las formas geométricas y me encuentro bien haciendo paisajes un tanto dolientes y grises, borrosos y solitarios. Siento que también yo podría borrarme con facilidad. Cuando se publique te enviaré la revista. Veo a tus amigos, sobre todo a Élie Faure que lamenta tu silencio. Te extraña[4], dice que París sin ti está vacío. Si él dice eso, imagínate lo que diré yo. Mi español avanza a pasos agigantados y para que lo compruebes[5] adjunto esta fotografía en la que escribí especialmente para ti: "Tu mujer te manda muchos besos con ésta, querido Diego. Recibe esta fotografía hasta que nos veamos. No salió muy bien, pero en ella y en la anterior tendrás algo de mí. Sé fuerte como lo has sido y perdona la debilidad de tu mujer."

Te besa una vez más

Quiela

---

1. instrumentos para pintar   2. se levantan   3. ahorro, guardo como tesoro   4. sorprende, parece extraño
5. confirmes, verifiques

7 de noviembre de 1921

Ni una línea tuya y el frío no ceja[6] en su intento de congelarnos[7]. Se inicia un invierno crudísimo y me recuerda a otro que tú y yo quisiéramos olvidar. ¡Hasta tú abandonabas la tela para ir en busca de combustible! ¿Recuerdas cómo los Severini llevaron un carrito de mano desde Montparnasse hasta más allá de la barrera de Montrouge donde consiguieron medio saco de carbón? Hoy en la mañana al alimentar[8] nuestra estufita pienso en nuestro hijo.

Recuerdo las casas ricas que tenían calefacción central a todo lujo, eran, creo, calderas que funcionaban con gas —y cómo los Zeting, Miguel y María, se llevaron al niño a su departamento en Neuilly para preservarlo. Yo no quise dejarte. Estaba segura de que sin mí ni siquiera interrumpirías tu trabajo para comer. Iba a ver al niño todos las tardes mientras tú te absorbías en *El matemático*. Caminaba por las calles de nieve ennegrecida, enlodada[9] por las pisadas de los transeúntes y el corazón me latía muy fuerte ante la perspectiva de ver a mi hijo. Los Zeting me dijeron que apenas se recuperara se lo llevarían a Biarritz. Me conmovía

> **Ni una línea tuya y el frío no ceja en su intento de congelarnos. Se inicia un invierno crudísimo y me recuerda a otro que tú y yo quisiéramos olvidar.**

el cuidado con que trataban al niño. María sobre todo, lo sacaba de la cuna —una cuna lindísima como nunca Dieguito la tuvo— con una precaución de enfermera. Aún la miro separar las cobijas[10] blancas, la sabanita[11] bordada para que pudiera yo verlo mejor. "Hoy pasó muy buena noche" murmuraba contenta. Lo velaba[12]. Ella parecía la madre, yo la visita. De hecho así era, pero no me daban celos[13], al contrario agradecía al cielo la amistad de los Zeting, las dulces manos de la joven María arropando a mi hijo. Al regresar a la casa, veía yo los rostros sombríos de los hombres de la calle, las mujeres envueltas en sus bufandas, ni un solo niño. Las noticias siempre eran malas y la *concierge* se encargaba de dármelas. "No hay leche en todo París" o "Dicen que van a interrumpir el sistema municipal de bombeo porque no hay carbón para que las máquinas sigan funcionando", o más aún "el agua congelada en las tuberías las está reventando[14]". "Dios mío, todos vamos a morir." Después de varios días, el médico declaró que Dieguito estaba fuera de peligro[15], que había pasado la pulmonía[16]. Podríamos muy pronto llevárnoslo al

---

6. para (de parar)   7. convertirnos en hielo   8. dar alimento o poner combustible, por ej. carbón
9. cubierto y sucio con lodo y barro   10. mantas   11. pieza de lienzo pequeña   12. cuidaba, vigilaba
13. envidia   14. haciendo explotar   15. riesgo, amenaza   16. inflamación del pulmón, neumonía

taller[17], conseguir algo de carbón, los Zeting vendrían a verlo, nos llevarían té, del mucho té que traían de Moscú. Más tarde viajaríamos a Biarritz, los tres juntos, el niño, tú y yo cuando tuvieras menos trabajo. Imaginaba yo a Dieguito asoleándose, a Dieguito sobre tus piernas, a Dieguito frente al mar. Imaginé días felices y buenos, tan buenos como los Zeting y su casa en medio de los grandes pinos que purifican el aire como me lo ha contado María, casa en que no habría privaciones ni racionamiento, en que nuestro hijo empezaría a caminar fortalecido por los baños de sol, el yodo[18] del agua del mar. Dos semanas más tarde cuando María Zeting me entregó a Dieguito, vi en sus ojos un relámpago de temor, todavía le cubrió la carita con una esquina de la cobija y lo puso en mis brazos precipitadamente. "Me hubiera quedado con él unos días más, Angelina, es tan buen niño, tan bonito, pero imagino cuánto debe extrañarlo." Tú dejaste tus pinceles al vernos entrar y me ayudaste a acomodar el pequeño bulto en la cama.

Te amo, Diego, ahora mismo siento un dolor casi insoportable en el pecho. En la calle, así me ha sucedido, me golpea tu recuerdo y ya no puedo caminar y algo me duele tanto que tengo que recargarme contra la pared. El otro día un gendarme se acercó: "Madame, vous êtes malade[19]?".

Moví de un lado a otro la cabeza, iba a responderle que era el amor, ya lo ves, soy rusa, soy sentimental y soy mujer, pero pensé que mi acento me delataría[20] y los funcionarios franceses no quieren a los extranjeros. Seguí adelante, todos los días sigo adelante, salgo de la cama y pienso que cada paso de doy me acerca a ti, que pronto pasarán los meses ¡ay cuántos! de tu instalación, que dentro de poco enviarás por mí para que esté siempre a tu lado.

Te cubre de besos tu

Quiela

15 de noviembre de 1921

Hoy como nunca te extraño y te deseo, Diego, tu gran corpachón[21] llenaba todo el estudio. No quise descolgar tu blusón del clavo[22] en la entrada: conserva aún la forma de tus brazos, la de uno de tus costados[23]. No he podido doblarlo ni quitarle el polvo por miedo a que no recupere su forma inicial y me quede yo con un hilacho[24] entre las manos. Entonces sí, me sentaría a llorar. La tela rugosa me acompaña, le hablo. Cuántas mañanas he regresado al estudio y gritado: "¡Diego! ¡Diego!" cómo solía llamarte, simplemente porque desde la escalera atisbo ese saco colgado cerca de la puerta y pienso que estás sentado frente a la estufa o miras curioso por la ventana. […]

---

17. lugar de trabajo (una obra manual) de un pintor o artista 18. elemento químico, símbolo: I 19. (francés) Ud. está enferma 20. revelaría 21. cuerpo grande 22. pieza de metal larga y delgada con punta en un extremo y cabeza en el otro 23. lados 24. pedazo de hilo que se suelta de telas viejas, tela vieja

REFLEXIÓN

A. Considere la Carta N° 1:

1. ¿Qué palabras establecen el tono de esta carta? Indique tanto las expresiones de amor explícitas como implícitas:

    expresiones explícitas   **expresiones implícitas**

    a.

    b.

    c.

2. Explique dónde se encuentra la escritora y qué hace.

3. De todos los mensajes específicos de la carta, ¿cuál le parece el mensaje **central** de esta carta? ¿Cómo lo reconoce?

4. ¿Cuál es la emoción predominante en esta carta? Explique su respuesta.

B. La carta N° 2 fue escrita a las dos o tres semanas.

1. ¿Qué momento del pasado le recuerda el frío a la mujer?

2. ¿Por qué no responde la mujer al gendarme que se acerca en la calle?

3. ¿Cómo expresa la mujer su amor por el niño y por Rivera?

4. ¿Qué parte de estas cartas le recuerda sentimientos que usted ha experimentado? Amplíe la respuesta.

5. ¿Qué emociones despierta en usted la lectura de estas sentimentales cartas?

C. Imagínese estar separado de la persona amada sin saber cuándo volverán a reunirse. Escríbale una carta en la cual expresa cuánto la extraña. Mencione varios acontecimientos que le recuerdan a ella. Use el subjuntivo cuando sea necesario.

CH. En la carta N° 3 (la selección), el blusón colgado cerca de la puerta le hace recordar a la mujer, con tristeza, al ausente Rivera.

En la carta que ya escribió en la parte C anterior, añada una sección mencionando una posesión de la persona amada o un regalo que le recuerda mucho a ella. Describa los sentimientos que evoca en usted este objeto.

III. REDACCIÓN

El proyecto final de este capítulo consistirá en lo siguiente:

Imagínese que ha sido seleccionado para una misión muy peligrosa a una región amazónica inexplorada con el fin de hallar medicinas botánicas contra el cáncer o para establecer la primera colonia en la luna u otra misión posiblemente mortal.

No hay garantía de que regrese con vida de la misión humanitaria, y por lo tanto es menester dejar un testamento escrito, ya sea una carta abierta al mundo, una carta especial para el ser amado, o una carta a sus familiares.

Piense en todo lo que quiere que trascienda: ¿qué quiere que sepa el mundo de usted? ¿Qué les dejará a sus hijos, a sus amigos, a sus padres? ¿A quién escribirá? ¿Cuáles serán sus últimos mensajes? ¿Cómo lo expresará todo?

Es el momento de revelar los secretos, deseos y temores, disculpas y sueños. Escriba con sinceridad, con cuidado y con cariño. Recuerde que éstas serán probablemente sus últimas palabras. Escójalas con sabiduría.

BOSQUEJO

Utilice las siguientes elementos como guía para organizar el bosquejo. Usted determinará el orden de los componentes.

- destinatario(s) de la carta; motivos

- descripción de la misión humanitaria

- su filosofía con respeto al valor de la misión

- pensamientos acerca del peligro que lo espera

- mensajes a los seres queridos, parientes, conocidos

- En caso de su muerte, la distribución de sus bienes:

  posesiones de mayor valor monetario

  posesiones de mayor valor sentimental

- asuntos pendientes

  prácticos

  emocionales

- qué quiere que el mundo recuerde de usted

- qué lamentará más si no regresa con vida

- sus deseos por los individuos

- sus esperanzas por el mundo en general

- la utilización de sus seguros

- cómo han cambiado en los últimos años su concepto del amor y/o su filosofía con respeto a la vida

- sus memorias más preciosas

- la mejor advertencia que recibió en la vida

- los acontecimientos y las personas que más han influido en su vida

BORRADOR

1. Utilice el bosquejo como guía para el borrador.

2. Tenga presente tanto la ocasión solemne de esta composición como la celebración de su vida.

3. No olvide que si los mensajes no brotan del corazón, es decir, si usted no cree en lo que dice, su carta sonará falsa y sin sentido.

4. No trate de escribir toda la carta en un día. Este proyecto en particular le costará mucho tiempo, trabajo, y desgaste emocional.

5. Al terminar el borrador, léalo en voz alta. Imagínese al destinatario leyendo o escuchando la carta. Marque y reelabore las partes que parecen poco sinceras.

6. Por último, compare el borrador con las once categorías presentadas a continuación.

7. Aporte los cambios necesarios.

COMENTARIOS

Intercambie su borrador con el de otro estudiante. Marque en la carta del otro estudiante los comentarios que considere necesarios según la lista presentada a continuación. Luego escriba al escritor una nota en una página aparte:

1. **Autosuficiencia:** ¿Hay información suficiente para introducir el tópico al lector? ¿Habría usted entendido el tópico de la carta sin haber leído la tarea en el libro?

2. **Enfoque:** ¿Sobra información o detalle? ¿Falta información o detalle?

3. **Desarrollo:** ¿Están todos los puntos suficientemente explicados? ¿Esta carta le convence de la sinceridad del escritor?

4. **Significado:** ¿Está claro el punto específico de la carta? ¿Son los mensajes de la carta superficiales o profundos?

5. **Cohesión:** ¿Toda la información de la carta satisface el punto central de la misma?

6. **Tono:** ¿Es el tono de la carta coherente con el tópico? ¿Es apropiada la actitud del autor ante el tópico?

7. **Organización:** ¿Todas las secciones de la carta contribuyen explícitamente a la tesis? ¿No hay repeticiones innecesarias? ¿Anticipa el lector la próxima frase o el próximo párrafo? ¿O el discurso es confuso? ¿Hay transiciones apropiadas entre las ideas? ¿Hay una conclusión verdadera o simplemente un resumen de lo anterior? ¿Termina con énfasis la carta?

8. **Párrafos:** ¿Contribuye cada párrafo a la tesis? ¿La primera frase de cada párrafo pone de relieve el punto central del párrafo? ¿Están los párrafos organizados de forma lógica? ¿Son coherentes los párrafos? Es decir, ¿están las frases en un orden lógico?

9. **Estilo:** ¿Evita el autor el uso excesivo de la voz pasiva y del verbo *ser*? ¿Hay variedad en la estructura y longitud de las frases? ¿Contiene metáforas o símiles la carta? ¿Contiene algo excepcional o eficaz? ¿Parece sincera?

10. **Gramática:** Marque sólo aquellas frases que contienen problemas gramaticales u ortográficos evidentes.

11. **Observación general y sugerencias:** En una hoja aparte, haga comentarios, elogios y sugerencias específicos según las observaciones anteriores. No haga ninguna crítica negativa a menos que pueda indicar ejemplos concretos.

CORRECCIONES

1. Utilice una copia en limpio de su carta.

2. Anote las correcciones en su copia.

REVISIÓN

Vuelva a escribir la carta incorporando todas las consideraciones anteriores. Este será el producto final; léalo con cuidado antes de entregarlo al profesor.

IV. SÍNTESIS

Se espera que al terminar este capítulo el estudiante tenga mayor interés en leer las grandes obras de la comunicación íntima y en poner por escrito sus sentimientos más profundos. Es tal vez ésta la forma de comunicación que nos hace vislumbrar la esencia del ser humano.

❦❦ CAPÍTULO 8 ❦❦

PUBLICIDAD

I. GÉNERO: EL ANUNCIO

No se puede hojear una revista o un periódico, mirar la televisión, ver una película, o escuchar la radio sin vernos abrumados por los anuncios. En un simple recorrido por la tienda vemos innumerables letreros y carteles. Parece que todo el mundo quiere agarrarnos, influir sobre nosotros, y vendernos algo. ¿Qué tipo de anuncio le persuade más a usted? ¿Qué le convence, en última instancia, de que compre algo? ¿Es acaso el misterio, el sexo, el lenguaje, la foto o el color? ¿Qué productos le atraen más? ¿Los pantalones vaqueros? ¿Los coches?

El mundo de la publicidad nos hace cada día más consumistas.

La innumerable cantidad de anuncios por todas partes crea una competencia feroz en el mercado; el mundo de la publicidad mismo es uno de los más competitivos del mundo. En este capítulo se examinarán varios anuncios publicados en algunos populares periódicos y revistas hispanos. Luego, el estudiante creará sus propios anuncios originales que habrán de ser poderosos, eficaces e inolvidables.

A. Todos los anuncios sin excepción tienen como finalidad el llamar la atención de cierto tipo de consumidor o sector del público a quien podría interesar el producto. Comenzaremos este estudio con el examen de algunos anuncios de televisión. En primer lugar, formen grupos; cada miembro del grupo escogerá un programa de televisión y analizará todos los anuncios que aparecen durante el programa.

Escoja uno de los siguientes tipos de programa:

1. programa para niños, como por ejemplo los dibujos animados.

2. telenovela

3. programa deportivo

4. comedia

5. programa de noticias nacionales (ABC, CBS, NBC, CNN)

Producto	Música	Estilo (cómico, animado, tranquilo, intelectual)

Evaluación personal:

B. Comente alguno de los anuncios que conoce.

1. De todos los anuncios que ha visto recientemente (o durante su vida) ¿cuál le ha llamado más la atención? Describa el anuncio.

2. ¿Hay algún anuncio que le haya parecido agresivo, ofensivo u ordinario? Descríbalo.

C. Muchos anuncios usan mandatos formales e informales para decirnos qué hacer. Repase la formación y el uso del imperativo en español y luego haga los ejercicios.

tú	usted	ustedes	vosotros
habla / no hables	(No) hable	(No) hablen	hablad / no habléis
aprende / no aprendas	aprenda	aprendan	aprended / no aprendáis
escribe / no escribas	escriba	escriban	escribid / no escribáis
ten / no tengas	tenga	tengan	tened / no tengáis
haz / no hagas	haga	hagan	haced / no hagáis
ven / no vengas	venga	vengan	venid / no vengáis
pon / no pongas	ponga	pongan	poned / no pongáis
sal / no salgas	salga	salgan	salid / no salgáis

1. Transforme estos mandatos **indirectos** en mandatos **directos**:

   Modelo: **Quiero que salgas** en seguida.

   Sal en seguida.

   1. Te recomiendo que ahorres dinero.

   2. Preferimos que ustedes vayan solos.

   3. Te sugiero que no lo hagas más.

   4. Deseo que escribáis un poco cada día.

   5. Insistimos en que usted se quede un rato.

2. Imagínese que debe elaborar un cartel con una lista de pautas para la buena crianza de los hijos para exhibirla en una sala de maternidad. Utilice la forma imperativa, es decir, indique lo que los padres deben hacer y lo que no deben hacer. La lista puede estar dirigida también a padres de adolescentes.

Mandato formal (Uds.) afirmativo	Mandato formal (Uds.) negativo
...	...
...	...
...	...

3. Ahora prepare otro cartel con una lista de recomendaciones expresadas como dirigidas a un estudiante recién ingresado en la universidad.

Mandato informal afirmativo	Mandato informal negativo
...	...
...	...
...	...

II. OBSERVACIÓN

PREPARACIÓN

A. La siguiente lista será útil para evaluar los anuncios. Léala detenidamente:

1. ¿A qué grupo de población está dirigido el anuncio? ¿Hay indicaciones de cuál puede ser su clase social, raza, edad, sexo, religión, nacionalidad, orientación política?

2. ¿Qué suponen los creadores del anuncio que pueda interesar al lector? ¿Seguridad, elegancia, posición social, atractivo sexual, educación, ideología política, preferencia sexual? Explique su respuesta.

3. ¿Cómo persuaden los anuncios al consumidor de que es necesario comprar su producto? ¿Plantean un problema que sólo su producto puede resolver? ¿Qué beneficios adicionales aseguran o insinúan que el consumidor obtendrá con la adquisición de su producto?

4. ¿Cómo establecen que su producto es superior a los demás? ¿Mencionan otros productos de la competencia?

5. ¿Recurre el anuncio a las emociones del lector? ¿Cómo?

6. ¿Tiene la fotografía un contenido narrativo? ¿Parece un fotograma tomado de una película? En dicho caso, ¿cuál es el mensaje implícito y qué papel tiene el producto en el mismo?

7. Examine detalladamente el lenguaje del anuncio. ¿Qué sugiere? ¿Hay una regularidad en el empleo de sustantivos o de los verbos? ¿Cuál es su connotación?

8. ¿Hay anuncios que utilizan imágenes de la cultura americana popular: películas, personajes, libros, canciones, problemas sociales?

9. ¿Emplean un lenguaje formal o informal? ¿Se emplea mucha exageración o superlativos?

10. ¿Le induce el anuncio a buscar más información sobre el producto, o a comprarlo inmediatamente?

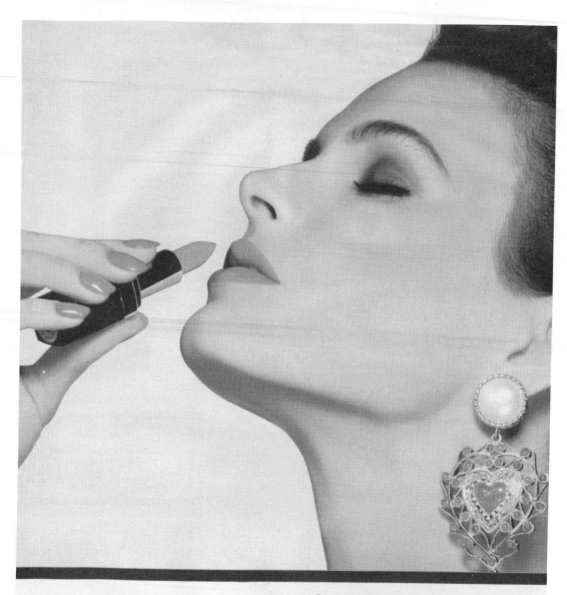

ROUGE A LÈVRES
SUS LABIOS HAN DESCUBIERTO SU AMO
CHANEL

UN TROZO DE TI.

Tú pones lo mejor de todo. A ti misma. Royal te ofrece todo lo demás para que la pastelería casera siempre te salga bien y con los ingredientes de tu confianza.

Solo tú sabes lo fácil que es preparar las tartas y bizcochos de toda la gama de Pastelería Casera Royal.

En casa lo único que saben es que cada vez que la prueban, saborean un trocito de ti misma.

Porque tú eres el ingrediente más importante.

PASTELERIA CASERA

LO MEJOR QUE LE PUEDES DAR

Dale todo tu cariño y la alimentación que necesita por su carácter y actividad diaria.

Friskies Gran Menú o Friskies Vitalidad. Si tiene buen paladar, dale un alimento completo

y equilibrado: Friskies Gran Menú. Deliciosas y apetitosas croquetas con pollo, verduras,

zanahorias, cereales, calcio y sales minerales. Y si además no hay quien lo pare, dale un

alimento energético: Friskies Vitalidad. Ricas y nutritivas croquetas con buey y un alto contenido

en proteínas. Solo tú sabes como es y lo mejor que le

puedes dar. Friskies Gran Menú o Friskies Vitalidad.

A CADA PERRO SU FRISKIES

NUEVOS ACTORES DE LUZ PARA JUGAR SIN FRONTERAS.

Cuanto más pequeña y clara es una fuente de luz, más se amplían las posibilidades de jugar con la fantasía creadora.

Precisamente las pequeñas lámparas halógenas no necesitan de luminarias aparatosas para crear con luz. Más bien ocurre todo lo contrario.

Con pequeñas luminarias halógenas se puede poner en escena una habitación especialmente moderna. Y sólo con luz.

Citemos por ejemplo la HALOSTAR. Instalada en reflectores consigue puntos o círculos de luz de gran belleza. Y si instalamos muchas lámparas halógenas sin reflector, tendremos un completo y maravilloso cielo de luz.

La HALOSPOT con reflector integrado brilla con sorpren- dentes efectos. Disponible en dorado y plateado en 3 tamaños diferentes y con varios ángulos de radiación que van desde los 3° a los 60°.

Nuestra estrella es, sin duda, la DECOSTAR con reflector dicroico. No sólo da una luz clara y brillante sino que, además, se mantiene fría debido a que el reflector reduce la radiación de calor en un 66% en el haz luminoso.

Las 19 finísimas capas que forman el reflector consiguen dar a la luz un efecto diamante de gran belleza por la multitud de tonalidades de luz que consiguen.

Contrate tranquilamente a uno de estos actores de luz y juegue a tope y sin fronteras.

LAMPARA HALOGENA DE BAJO VOLTAJE
HALOSPOT HALOSTAR DECOSTAR

CALIDAD DE LUZ **OSRAM**

5.82 E

OSRAM Sociedad Anónima, Fray Luis de León, 15, 28012 MADRID

Y - 10 AVENUE

CONVIERTE LA CALLE EN UNA PASARELA

Si quieres desfilar por la ciudad con un modelo exclusivo, ven a conocer el nuevo LANCIA Y-10 AVENUE.

Con detalles tan elegantes como la tapicería Alcántara®. Con el equipamiento de serie más completo de su categoría: elevalunas eléctricos, volante regulable en altura, cierre centralizado, pintura metalizada... y con la tecnología más moderna de su motor ecológico con catalizador.

Y si lo prefieres, puedes elegir tu LANCIA Y-10 AVENUE con **cambio automático.**

LANCIA Y-10 AVENUE, convierte la calle en una pasarela.

LANCIA

Y-10 Fire 1.006.000 Pts. • Y-10 Mia 1.084.000 Pts. • Y-10 Avenue 1.190.000 Pts., automático 1.311.000 Pts.
P.V.P. Península y Baleares. I.V.A. y Transporte incluidos.

El mejor invento del año

SUPERCOMPRA BBV

Todos los problemas que se le plantean cuando tiene que hacer un gasto extra o una gran compra, tienen ahora una rápida solución. A través del Servicio Supercompra de su Tarjeta Visa del Banco Bilbao Vizcaya.

Usted puede seguir utilizando su Tarjeta Visa Classic BBV , Visa Oro BBV o Eurocard BBV como hasta ahora. Pero, además, sin ningún trámite, tiene preconcedido un crédito personal instantáneo para poder comprar con su Visa BBV lo que nunca pensó comprar con Visa. Lo que quiera.

Es muy fácil. Después de efectuar una compra, de más de 50.000 pesetas, sólo tiene que llamar al 900 40 90 90 y decir que se acoge a la Supercompra.

Y puede pagar hasta en 36 meses.

A partir de ahora, ya puede comprar lo que quiera con su Tarjeta Visa BBV.

Sólo el Banco Bilbao Vizcaya podía ofrecerle la Supercompra. El mejor invento del año y uno de los mejores desde que se inventó la Tarjeta Visa. Disfrútelo.

Y si todavía no tiene Usted su Tarjeta de Crédito BBV, solicítela en cualquier oficina del Banco Bilbao Vizcaya.

BANCO BILBAO VIZCAYA

136   *Publicidad*

TE HARÁ POLVO EL CEREBRO.

NO METAS LAS NARICES EN LA COCA.

Ni te engañes, ni te dejes engañar. Si te metes cocaína en el cuerpo te estás metiendo algo que va directamente al cerebro y, desde el primer momento, desde la primera línea, lo va devorando. Día a día, gran cantidad de transmisores cerebrales y neuronas se dañan gravemente. Las consecuencias: gran dependencia psíquica y física, profunda ansiedad, fuertes alteraciones psiquiátricas, depresión, paranoia. Y lo que es peor, sin que te des casi ni cuenta y sin que lo quieras reconocer.

TEN CEREBRO. **PASA DE LA COCA.**

REFLEXIÓN

A. En su opinión, ¿cuáles son los mejores y los peores anuncios del grupo? Escriba un informe que incluya los motivos de su selección y algunas sugerencias para mejorar los anuncios conseguidos.

B. Escriba un comentario objetivo de cómo estos anuncios reflejan la sociedad contemporánea de España o de Latinoamérica o, en caso contrario, los estereotipos que aparecen en ellos.

C. Haga una comparación/contraste. Indique las semejanzas y las diferencias entre estos anuncios y los que aparecen en las revistas y los periódicos estadounidenses.

CH. Escoja una revista hispana que le interese en la biblioteca o en una tienda. Considere lo siguiente al analizarla:

1. ¿Qué foto aparece en la portada? ¿Por qué escogieron esa foto los editores?

2. ¿Esta revista sirve para educar, entretener o vender productos? Explique su respuesta.

3. ¿Cuánto cuesta la revista? ¿Cree que es una revista para subscriptores o para personas que la compran ocasionalmente? ¿Cómo lo sabe?

4. ¿Cuál es la proporción entre fotografías y texto? ¿Entre anuncios y contenido?

5. ¿Qué tipo de anuncios aparecen en la revista?

6. ¿A qué tipo de consumidor se dirigen los anuncios?

7. ¿Sobre qué valores ponen mayor énfasis los anuncios? (El prestigio, la fama, la fortuna, la moda, el sexo, la aprobación, el miedo, la seguridad, lo práctico, la economía, la conformidad, la política, la moralidad, la codicia, la glotonería, el patriotismo, el racismo, la religión o el sexismo)

8. ¿Son sugestivos los anuncios ? ¿Las palabras asociadas con el producto guardan alguna relación con otra cosa? ¿Con qué? ¿Por qué?

III. REDACCIÓN

Como proyecto final del capítulo, el estudiante tendrá la oportunidad de crear una serie de anuncios publicitarios:

1. Supóngase que usted posee 3 objetos diferentes que le gustaría vender. Escriba 2 anuncios para cada objeto con la finalidad de atraer a dos tipos de consumidores distintos. Para la parte visual, utilice fotos que puede haber tomado usted, fotos de una revista, o dibujos originales.

2. Escriba un lema publicitario atrayente para aplicarlo a una camiseta, promoviendo a su grupo musical favorito.

3. Redacte la leyenda de una calcomanía para adherir al parachoques en pro de una causa social que usted aprueba.

4. Escriba un cartel anunciando un programa de estudios de español en el extranjero, una organización de estudiantes internacionales, el Club de Español, u otra organización universitaria que le interese.

5. Escriba un anuncio ofreciéndose como profesor de español para principiantes.

6. Escriba dos anuncios originales para el periódico universitario sobre el problema del SIDA, uno en forma directa, y el otro en forma indirecta.

7. Escoja un cargo de poder en la junta de representantes de los estudiantes. Escriba un anuncio político para su candidatura.

8. Escriba un anuncio personal mediante el que pretenda ampliar sus relaciones sociales contando con personas con intereses similares a los suyos.

9. Señale los beneficios que reporta el especializarse en español.

10. Escriba un anuncio que refleje la crisis del medio ambiente.

COMENTARIOS

Todos examinarán la carpeta de otro estudiante. Los anuncios deben ser:

- originales

- creativos

- ordenados

- de mensaje claro

- estimulantes, con gráficos atrayentes

1. En primer lugar, tome notas de los anuncios, teniendo en cuenta cada una de las categorías anteriores.

2. Luego, organice los anuncios de más efectivo a menos efectivo; escriba un breve comentario sobre la organización y el contenido de la carpeta y comparta después sus evaluaciones con el/la creador/a de los anuncios.

REVISIÓN

Los estudiantes pasan en limpio los anuncios revisados.

IV. SÍNTESIS

Se espera que al analizar varios anuncios del mundo hispano y crear sus propios anuncios originales, el estudiante adopte una postura más crítica y sea mejor consumidor o redactor de propaganda en general.

❧❧ CAPÍTULO 9 ❧❧

EL INFORME TÉCNICO

I. GÉNERO: EL INFORME TÉCNICO

Gran parte de la redacción a nivel universitario consiste en informes técnicos. Además de los cursos de literatura antigua o contemporánea de países hispanohablantes, los estudiantes avanzados de español estudian la sociología, política, economía, psicología de la cultura popular y bellas artes de una región. Un requisito de estos cursos suele ser realizar un amplio trabajo formal en el cual el estudiante presenta objetivamente la información que recopila sobre un tema específico por él seleccionado. Escribir un informe técnico es un proceso largo y laborioso; entre la selección de un tema y la entrega del trabajo formal, el

La preparación de un informe objetivo requiere mucha lectura, investigación y elaboración.

estudiante ha pasado largas horas en la lectura preliminar y organización de su información. En este género, la finalidad principal del trabajo es **informar** y no interpretar los datos. A diferencia de la comunicación íntima, el autor del trabajo informativo tiene que adoptar un tono **neutral.** En este capítulo se presentan dos modelos auténticos de informes técnicos con el fin de guiar al estudiante a través de los numerosos pasos necesarios para escribir su propio trabajo formal.

II. Observación

Preparación

A. La redacción de un informe técnico requiere que el autor mantenga una actitud neutral hacia la información. El autor no debe interpretar, juzgar ni criticar la materia. Subraye las palabras y expresiones *subjetivas* que aparecen en las siguientes frases. ¿Cómo las escribiría usted de nuevo para eliminar la subjetividad?

1. Lo peor de la situación económica latinoamericana es la desigualdad social.

2. Desafortunadamente, la calidad de la vida empeora cada año.

3. No hay nada que se compare al incontenible espíritu de la mujer latinoamericana.

B. El escritor del informe técnico también usará **la voz pasiva** para dar énfasis al sujeto o al agente.

En español los verbos pueden emplearse en forma activa o en forma **pasiva:**

Voz activa	Voz pasiva (use el verbo *ser*)
Los científicos **descubrieron** un combustible nuevo.	Un combustible nuevo **fue descubierto** por los científicos.
El terremoto **destruyó** la ciudad en 1987.	La ciudad **fue destruida** por el terremoto en 1987.
Esa compañía **publicará** los libros pronto.	Los libros **serán publicados** pronto por esa compañía.

1. Discuta las diferencias de significado de cada una de las frases anteriores al cambiar a voz pasiva. En cada frase, ¿es el sujeto quien ejecuta la acción o quien la sufre?

2. Escriba cinco frases originales, primero en voz activa y luego en voz pasiva. Discuta las diferencias entre los mensajes:

Voz activa	Voz pasiva
a.	
b.	

c.

ch.

d.

C. Asimismo, en un trabajo formal informativo es muy común emplear la forma **impersonal** (**se** + verbo). La forma impersonal establece un tono neutral en el cual lo más importante es la situación y no la causa de ella. En este tipo de frase, no se menciona qué o quién hace la acción. Lea las siguientes frases extraídas de la primera lectura de este capítulo, "La lucha de las mujeres en América Latina". Explique con sus propias palabras la esencia de cada frase:

1. "También *se encuentran* algunos nombres femeninos ocupando Ministerios durante gobiernos de corte liberal, populista o socialista en países como Colombia, Venezuela, Brasil, Perú y Nicaragua." (pág. 145)

2. "La situación descrita anteriormente *se conoce* después de casi dos décadas de haberse comenzado a investigar… el tema de las mujeres…" (pág. 146)

3. "De esta manera *se prestó* atención a lo que movimientos de mujeres feministas de Europa, América y otras partes del mundo estaban reivindicando, desde finales de los sesenta." (pág. 147)

4. "Los objetivos del 75 *se revisaron* en la Conferencia Mundial de Copenhague en 1980." (pág. 147)

CH. Es obvio que en la frase 1 no importa *quién* encuentra los nombres ni en la frase 2, *quién* conoce la situación.
Elimine los sujetos innecesarios de las siguientes frases.
Cambie la forma del verbo a voz pasiva empleando el pronombre impersonal **se:**

1. Maestros y estudiantes convirtieron la cafetería universitaria en un foro público durante las manifestaciones.

2. Las imágenes de la mujer que encontramos en la literatura de aquel siglo son formidables.

D. Otras expresiones neutrales son *hay que, se sabe que, se acepta que;* busque ejemplos de expresiones neutrales en las lecturas.

"La lucha de las mujeres en América Latina"
El artículo que sigue a continuación apareció a fines de 1992 en
el boletín académico español *Razón y Fe: Revista Hispanoamericana
de Cultura.* "La lucha de las mujeres en América Latina" es un
trabajo informativo que investiga el lugar de la mujer latinoamericana
dentro de la crisis económica del continente. Este tipo de informe
técnico no depende de las estadísticas sino de
conceptos que contribuyen a la realidad
contemporánea de América Latina.

LOLA G. LUNA
"La lucha de las mujeres en América Latina"

América Latina es un continente lleno de riqueza y pobreza, de desigualdades sociales enormes. Sus contrastes aparecen igualmente en su geografía y en la diversidad de razas, culturas y lenguas. Esta diversidad tiene en común un pasado colonial y un presente dominado por una situación de dependencia de los centros capitalistas. Actualmente está sumergido en problemas de crisis económica profunda y estructural, de la que se conoce principalmente la deuda[1] externa, el narcotráfico y la violencia.

Introducirse en América Latina desde esta perspectiva es pintar un panorama muy pesimista y de difícil salida.

Actualmente la búsqueda de esa salida se está haciendo a través de la democracia, después del fracaso[2] de los proyectos de liberación nacional a través de la lucha armada y de terceras vías socialistas, iniciadas en las décadas del sesenta y del setenta.

Pero la situación es mucho más compleja y detrás de estos grandes temas hay otros desconocidos, pero no de menor importancia, que apenas comienzan a ser contados, como es la participación de las mujeres y la especificidad que ésta contiene; entonces, la pregunta es cómo se insertan las mujeres en esta situación crítica y cuál es su respuesta.

---

1. débito, deber financiero   2. caída o ruina

Una manifestación de mujeres argentinas pidiendo salarios dignos para poder comer.

DÓNDE ESTÁN LAS MUJERES Y CÓMO

La respuesta de las mujeres frente a la situación dictatorial, de crisis y de violencia, de los últimos 20 años ha sido las intensificación del trabajo y de las responsabilidades familiares, así como el aumento de la organización en una diversidad de grupos, centros, clubes, comités, movimientos, etc., en una creciente toma de conciencia de ser un género subordinado no sólo en las relaciones personales, sino también en las laborales y las que tienen que ver con el poder político y las decisiones.

Para comenzar hay que decir que en América Latina, sólo una minoría de mujeres tiene acceso a la educación superior, son profesionales y llegan a desempeñar puestos de poder. Excepcionalmente se pueden citar mujeres que han llegado a la jefatura de gobierno, aunque

por corto tiempo como: Lidya Gueyler en Bolivia y Herta Pascal-Trouillot en Haití; Violeta Chamorro en Nicaragua presenta hasta ahora una permanencia mayor en el poder. También se encuentran algunos nombres femeninos ocupando Ministerios durante gobiernos de corte liberal, populista o socialista, en países como Colombia, Venezuela, Brasil, Perú y Nicaragua. Pero es evidente que estas mujeres no son representativas de la situación que vive la mayoría y tampoco representan los intereses específicos de las mujeres, aunque muestren sensibilidades en este sentido y en determinados momentos. Junto a esta minoría, hay también grupos no muy numerosos pero en expansión, de mujeres de clase media con una buena preparación profesional, que ocupan lugares en la administración, la empresa, la salud, la educación, la abogacía y otras nuevas profesiones. Por último, hay una mayoría de mujeres con una situación mucho menos favorecida que presentan una gama[3] amplia: obreras industriales y agrícolas, que forman parte de ese ejército de mujeres jóvenes, que son un ejemplo de "la incorporación de las mujeres al desarrollo". Trabajan en las nuevas industrias para la exportación, textiles, electrónicas, de flores, conservas, y lo hacen en condiciones laborales de sobrexplotación, sometidas a doble jornada[4].

También están aquellas mujeres que realizan hasta triples jornadas de trabajo, en el campo y en la casa, en el trabajo doméstico, en la prostitución, en el comercio informal o en las organizaciones para la supervivencia. Son mujeres que generalmente obtienen bajos salarios y que, según las regiones, son jefas de hogares, bien porque los hombres han emigrado a los centros industriales, o bien porque éstos no asumen las responsabilidades de la paternidad. Por último hay una población de mujeres indígenas, que en países como en Bolivia y Guatemala son mayoría y que presentan perfiles diferentes: campesinas y comerciantes, de urbanización forzosa, desplazadas, etc.

> **Las mujeres se ven asumiendo tareas asistenciales que sustituyen al Estado en áreas como la salud, la educación, la vivienda y el cuidado de los niños.**

La situación descrita anteriormente se conoce después de casi dos décadas de haberse comenzado a investigar, en las ciencias sociales, el tema de las mujeres, especialmente desde la sociología, la antropología y la economía.

La investigación sobre la mujer en América Latina surge inicialmente muy ligada[5] a los proyectos de investigación para el desarrollo. Durante el desenvolvimiento de estos proyectos se produjo un impacto del feminismo en las propias investigadoras. Esto hizo que necesitaran replantearse el enfoque de la investigación para poder explicar la posición subordinada en la que se encontraban situadas las mujeres objeto de estudio. Esto las llevó a una búsqueda personal e intelectual, que desembocó en estos últimos años, en una tendencia interpretativa de las problemáticas de clase, género, raza, etc., que afectan a las mujeres latinoamericanas. Los focos iniciales de investigación fueron centros, algunos de ellos específicos de mujeres, creados en la mayoría de los países latinoamericanos desde las décadas de los sesenta y setenta, que iniciaron la investigación sobre la mujer priorizando los temas relacionados

---

3.variedad, escala   4. turno de trabajo   5. conectada a

con el control de población y la relación de la mujer con el desarrollo, siendo apoyados por Fundaciones y ONGs de países centrales.

Lo anterior tiene que ver con la celebración en México en 1975 de la Conferencia Internacional del Año dedicada a los Derechos de las Mujeres, auspiciado por Naciones Unidas, que significó la institucionalización en las organizaciones internacionales de carácter gubernamental de la problemática de desigualdad que afecta a las mujeres. De esta manera se prestó atención a lo que movimientos de mujeres feministas de Europa, América y otras partes del mundo estaban reivindicando[6], desde finales de los sesenta. 1975 fue también el primer año del Decenio de las Naciones Unidas, orientado a mejorar la situación de las mujeres acerca de tres objetivos: igualdad, desarrollo y paz. Ahí comienza a mirarse la situación de las mujeres en relación con el modelo de desarrollo y se celebran reuniones internacionales sobre el tema. El Programa de Naciones Unidas para la Mujer partía en el año 1975 de que la mujer era marginal al desarrollo y de la necesidad de incorporarla a éste a través de la educación. Esta tesis más tarde se rebatió con el argumento de que las mujeres nunca han estado fuera de las estructuras de la producción ya sea en niveles de desarrollo como de subdesarrollo, pero eso sí, situadas en escalones inferiores, muchos de ellos invisibles.

Las políticas que se aplicaron desde las instituciones internacionales para el logro[7] de los objetivos del Decenio fueron: campañas de publicidad sobre el Año Internacional de la Mujer, recomendaciones a los gobiernos para que asumieran[8] la Convención sobre la eliminación de todas las formas de discriminación en razón de sexo, e inclusión del tema de la mujer en las agendas de las políticas de cooperación para el desarrollo.

Los objetivos del 75 se revisaron en la Conferencia Mundial de Copenhague en 1980. La conclusión fue negativa: la mujer parecía estar ausente de las preocupaciones del desarrollo. En 1985 se celebró en Nairobi la conferencia Mundial para el Examen y la Evaluación de los Logros del Decenio de las Naciones Unidas para la Mujer, iniciado en el año 75. El documento final de la conferencia fue clarificador: muy poco se había avanzado en la Década de las Naciones Unidas para la Mujer, aunque se habían identificado mejor los obstáculos

> **El sufragismo fue un movimiento de emancipación de una situación en que la identidad mujer era naturalmente considerada inferior a la identidad hombre.**

---

6. exigiendo   7. éxito, realización, alcance   8. estuvieran encargados de

existentes para el logro de los objetivos. Uno de estos obstáculos era y sigue siendo la nula participación política de las mujeres en las grandes áreas de influencia, donde se dictan las políticas para su igualdad, algo que ya había sido señalado en la Conferencia de Copenhague, cinco años antes, cuando se hizo la evaluación de la media década. En Nairobi se siguió insistiendo en las recomendaciones sobre empleo, salud y educación para las mujeres, como fundamento concreto de la igualdad, el desarrollo y la paz.

Las mujeres se ven afectadas de manera específica a través de sus deberes como género, todos ellos cercanos al sostenimiento de la vida cotidiana y el bienestar. De ahí que se vean obligadas a mayores trabajos para la subsistencia debido a las políticas de ajuste[9], asumiendo tareas asistenciales que sustituyen al Estado en áreas como la salud, la educación, la vivienda y el cuidado de los niños, al tiempo que son también mujeres las que están siendo expulsadas del sector servicios, con la reforma neoliberal del Estado.

La crisis del modelo de desarrollo dependiente ha producido un impacto en las mujeres diferente del que produce en la fuerza de trabajo masculina, ya que para las mujeres supone la continuidad de la discriminación y aumento de la jornada de trabajo en sectores productivos ligados a la reproducción de la fuerza de trabajo, es decir servicios.

Se puede decir que el aporte[10] económico que realizan las mujeres desde todos esos frentes de trabajo es definitivo para que actualmente sobreviva la mayoría pobre de la población. Se trata de una fuerza importante que tiene un rostro[11] femenino hasta ahora invisible como género y a la que no se le reconoce ni está representada en la toma de decisiones, dentro de la pirámide de poder a pesar de que su participación social y económica es considerable.

> **Los logros no fueron grandes, se les reconoció como ciudadanas de derecho pero no significó una participación relevante en la política ni una mejora en su situación.**

LAS MUJERES SE ORGANIZAN

El sufragismo fue un movimiento de emancipación de una situación en que la identidad mujer era naturalmente considerada inferior a la identidad hombre, de ahí el símil de la esclavitud que se encuentra a menudo en la literatura feminista de la época. No son movimientos de masas, son más bien elites medias de mujeres profesionales que reclaman el reconocimiento social como sujetos de derechos[12].

---

9. reducción de salarios ante un costo de vida más elevado   10. contribución   11. cara, imagen
12. poderes, libertades, opciones y justicias

La lucha por los derechos de ciudadanía supuso sólo un inicio, una primera etapa en la constitución de las mujeres como sujetos políticos con capacidad de cambio. Los logros no fueron grandes, se les reconoció como ciudadanas de derecho pero no significó una participación relevante en la política ni una mejora en su situación. Posiblemente lo más importante fue que las mujeres llegaron a considerarse en ese momento como sujetos de derechos. La segunda etapa de la lucha de las mujeres por constituirse en sujetos políticos se inicia en los setenta y aún está en plena eclosión[13] en América Latina. Se caracteriza por la diversidad de organizaciones de mujeres y por la capacidad de éstas para reaccionar ante dos situaciones críticas del continente: la crisis y la violencia. Las nuevas ideas feministas que fueron arraigando[14] en el continente desde los setenta fueron un elemento clave[15] que poco a poco fue estructurando en esta segunda etapa la acción de las mujeres. Esta acción ha estado dirigida hacia las mismas mujeres y hacia el Estado.

> **...luego se vio cómo este acuerdo patriarcal del respeto a la madre también se violó cuando las Madres comenzaron a ser detenidas y desaparecidas. Ellas interpelaron al Estado por la vida de sus hijos, entraron en la política como madres y en su lucha politizaron el rol doméstico.**

Las organizaciones de mujeres que habían surgido en la década de los sesenta impulsadas por el Estado para el reparto de víveres y la urbanización de los barrios, con una estructura organizativa vertical y dependiente, luego dieron un salto cualitativo en su organización interna, democratizándose e incorporando poco a poco la conciencia de género subordinado. Esto sucedió con los clubes de madres en los pueblos jóvenes de Lima, en las poblaciones de Santiago, en los barrios de ocupación de Bogotá, La Paz, etc. Estas organizaciones femeninas forman parte de los movimientos barriales[16] de sectores populares, que son mayoritariamente femeninos, aunque los líderes en muchos casos sean masculinos.

La violencia que se desarrolla en América Latina por las dictaduras y las guerras ha movilizado también a las mujeres contra la violencia del Estado. El movimiento de las Madres de Plaza de Mayo es un ejemplo de movimiento de mujeres por los derechos humanos siendo la reivindicación de la vida como derecho lo que genera

---

13. nacimiento, comienzo, manifestación   14. estableciéndose, haciéndose más fuertes   15. el más importante   16. de los barrios

su identidad. Es un movimiento que tiene carácter femenino porque en los inicios se pensó así como estrategia ante la represión. Las cualidades de género, como el ser madre, se consideraron un escudo frente a la represión de la dictadura argentina; luego se vio cómo este acuerdo patriarcal del respeto a la madre también se violó cuando las Madres comenzaron a ser detenidas y desaparecidas. Ellas interpelaron[17] al Estado por la vida de sus hijos, entraron en la política como madres y en su lucha politizaron el rol doméstico.

La lucha de las mujeres también ha puesto de manifiesto la existencia de género: política, doméstica laboral, etc. La llamada de atención hacia la violencia específica contra las mujeres la han realizado los grupos feministas. En este sentido en el I Encuentro Latinoamericano y del Caribe realizado en Bogotá en 1981 se tomó el acuerdo de considerar el día 25 de noviembre como jornada de lucha contra la violencia sexista. Esta fecha recuerda el asesinato de las hermanas Marival por la dictadura de Trujillo en la República Dominicana en el año 1960.

Los movimientos feministas latinoamericanos fueron articulándose durante la década de los setenta, según un proceso específico, muy ligados al pensamiento liberal y de izquierda y a un sentimiento antiimperialista. En la década de los ochenta se han institucionalizado en la mayoría de los países a través de Centros de Mujeres de carácter no gubernamental (ONGs), en los que se trabaja con mujeres de sectores populares a través de diferentes temáticas de género: derechos, educación, salud, reproducción, creatividad.

Sobre la relación entre el feminismo, el desarrollo y la cooperación, se ha llevado a cabo una primera evaluación desde las ONGs de mujeres del Sur en estos últimos años, considerándose que ésta ha sido insatisfactoria: se ha trabajado con microproyectos puntuales que no han cambiado las condiciones de vida de las mujeres a las que iban dirigidos, por lo que no se ha cumplido el objetivo del desarrollo, y además su significación económica dentro de los presupuestos dedicados a la cooperación ha sido mínima. La crítica a la política de cooperación para las mujeres se basa en la falta de repercusión de los proyectos que se han venido realizando en la Década. Los pequeños proyectos referidos al mundo doméstico en su mayoría han jugado un papel puntual solamente y en algunos casos tienden a reforzar el papel tradicional de las mujeres. No se han establecido programas de largo alcance[18] como los que se han aplicado para los hombres, no se ha dado atención a la organización de las mujeres y al fortalecimiento de su posición en el mundo del trabajo rural y urbano, a su formación y participación política. La propuesta que se lanza para el futuro es educar al Norte en la cooperación para el desarrollo incluyendo la perspectiva de género en programas y

---

17. rogaron, demandaron con autoridad explicaciones   18. importantes, de gran influencia

acciones específicas para las mujeres que garanticen el acceso a los mecanismos de poder político y económico y a los espacios donde se toman decisiones que afectan especialmente a las mujeres y a su reproducción. No obstante hay que mencionar que las ayudas de la cooperación han favorecido la organización de las mujeres y su toma de conciencia como género subordinado y también han empujado la investigación sobre la realidad de las mujeres.

Como final digamos que en estas páginas solamente se ha hecho un enunciado de la situación de las mujeres latinoamericanas y la lucha que están desarrollando en las últimas décadas por mejorar su situación.

También cabe añadir que esta lucha está cobrando un sentido mucho más amplio, yendo más allá de la supervivencia y buscando la transformación de las relaciones entre los géneros y de la vida cotidiana; es decir, el objetivo es cambiar la desigualdad de género por una igualdad en la diferencia. El terreno de la cultura ya ofrece manifestaciones femeninas donde la creación literaria, la creación artística en general y la creación cinematográfica y audiovisual, junto a otras manifestaciones del pensamiento, expresan una nueva identidad de mujer con una nueva forma de organizar y pensar el mundo.

REFLEXIÓN

A. Suponga que usted es el revisor de este artículo académico. El artículo lo ha impresionado mucho, pero no está satisfecho con el título. Sugiera otros a sus colegas de clase y entre todos seleccionen el mejor. Recuerde que en un título se economizan palabras. Emplee palabras descriptivas.

B. Considere el tema, la finalidad y la organización de este trabajo objetivo. Con otro estudiante o por su cuenta, identifique el tema y la finalidad y luego concéntrese en la organización de la información. Escriba una frase completa que indique el punto central de cada párrafo:

- tema:

- finalidad:

- organización:

    Párrafo 1

    Párrafo 2

C.   Igual que con todos los géneros, el primer párrafo del informe técnico desempeña funciones muy importantes:

1.   introducir el tema

2.   llamar la atención del lector

3.   enunciar la finalidad del artículo

4.   establecer el tono

5.   preceder en forma lógica a la exposición del tópico

Preste atención al primer párrafo del artículo "La lucha de las mujeres en América Latina":

Frase 1: *América Latina es un continente lleno de riqueza y pobreza, de desigualdades sociales enormes.*

1.   tema:

2.   interés:

3.   limitación de la finalidad:

4.   tono:

De aquí en adelante el primer párrafo desarrolla en forma lógica la tesis y conecta en secuencia y con claridad las frases. Identifique y subraye las conexiones entre las frases:

América Latina es un continente lleno de riqueza y pobreza, de desigualdades sociales enormes.

Sus contrastes aparecen igualmente en su geografía y en la diversidad de razas, culturas y lenguas.

Esta diversidad tiene en común un pasado colonial y un presente dominado por una situación de dependencia de los centros capitalistas.

Actualmente está sumergido en problemas de crisis económica profunda y estructural, de los que se conoce principalmente la deuda externa, el narcotráfico y la violencia.

Es preciso reconocer…

Conviene examinar…

Importa aclarar…

En cuanto a…

El tema se limita a…

CH. Escribir una conclusión admirable también conlleva gran labor. La conclusión no debe resumir todo lo anterior, sino **concluir** algo. Lea otra vez el último párrafo y escriba o discuta con otros qué información añade al estudio en su conjunto.

VOCABULARIO ÚTIL PARA ESCRIBIR UNA CONCLUSIÓN:

Como final...

En conclusión...

En consecuencia...

A fin de cuentas...

Hay que tener presente que...

Como se mencionó...

LECTURA 2

"Salud y comunicación social"

"Salud y comunicación social" se publicó en 1991 en un periódico costarricense, la *Revista de Ciencias Sociales.* Se trata de una campaña nacional para la prevención de la caries infantil.

El estudiante notará algunas diferencias entre este artículo y el anterior. Este no es un trabajo histórico, sino un artículo que, según palabras de las autoras, "describe a grandes rasgos el estado actual del problema, la teoría y la investigación que se utilizó para elaborar el producto final" (pág. 155). Este artículo, por ejemplo, emplea gráficos y estadísticas para ilustrar la información.

KATTIA ARGUEDAS SALAS
ANA GRETTEL BONILLA ROMÁN
CAROLINA CHÁVEZ RANDA

"Salud y comunicación social"

El cuidado de la salud dental: una tarea de todos los días.

RESUMEN

Campaña para la prevención de caries[1] infantil: un aporte al nuevo reto de la comunicación, fue el resultado de un esfuerzo conjunto de la Caja Costarricense del Seguro Social y de estudiantes de la Escuela de Ciencias de la Comunicación Colectiva de la Universidad de Costa Rica en colaboración con otras entidades del sector salud. Esta campaña publicitaria es uno de los primeros pasos que se dan en el área de la comunicación y la salud en nuestro país, y tiende a educar a la población desde una filosofía preventiva, tal y como la plantean la OMS, la UNICEF y la UNESCO.

En el artículo se expone a grandes rasgos el proceso de investigación y práctica que dio origen al producto final y dejó ver, en cierta forma, la importancia de la planificación de la comunicación.

---

1. destrucción que ataca los tejidos duros de un organismo

1. INTRODUCCIÓN

En las siguientes páginas se describe, de manera muy general, los puntos principales de un Proyecto de Graduación para optar al grado de Licenciatura en Comunicación.

El proyecto "Campaña para la prevención de la caries infantil: un aporte al nuevo reto de la comunicación" surge de la inquietud de brindar[2] un aporte[3] a la filosofía preventiva de las enfermedades, que impulsan organismos internacionales e instituciones del sector salud en el país.

El fin del proyecto consiste en el diseño de una campaña de comunicación para prevenir la formación de caries infantil en niños de primer ciclo de enseñanza primaria del Área Metropolitana de San José.

Este artículo describe a grandes rasgos[4] el estado actual del problema, la teoría y la investigación que se utilizó para elaborar el producto final.

Las siguientes apreciaciones dan a conocer esfuerzos y cambios que se están generando en materia de salud preventiva o educación para la salud. Ante todo, se busca que el público tenga conciencia de la necesidad e importancia de prevenir las enfermedades, y para este caso especial, de prevenir las enfermedades bucodentales.

El proyecto se destaca por su carácter interdisciplinario, ya que educar para la salud implica una serie de esfuerzos de diferentes sectores: salud, odontología, educación, psicología y comunicación. Para la investigación de campo se contó con la asesoría de un estadístico y un profesional en censos[5].

Este artículo es un medio para difundir una investigación y fomentar otras, que por su naturaleza benefician a todos los sectores sociales.

> **La sociedad debe estar comprometida en la tarea de trabajar en favor de la salud de cada uno de los individuos que la componen.**

LA SALUD, UN COMPROMISO SOCIAL

Actualmente, la noción de salud no se concibe únicamente como el bienestar físico sino que se ha ampliado al bienestar social y al psicológico.

Desde este concepto de salud integral, la odontología preventiva busca el desarrollo de una nueva actitud que contemple una nueva escala de valores dentales en los que el valor más alto sea el mantenimiento de la salud bucodental, dando prioridad al individuo "como unidad y no sólo como un juego de dientes con cierto grado de enfermedad" (Katz, 1985: 11).

---

2. dar, proporcionar   3. contribución   4. en general, sin detalles   5. lista de la población o riqueza de un país

La sociedad debe estar comprometida en la tarea de trabajar en favor de la salud de cada uno de los individuos que la componen.

La familia, el Estado, los medios de comunicación son instancias para educar a la población sobre la importancia de la salud integral y de manera específica, de la odontología preventiva.

La influencia del medio ambiente y de las múltiples relaciones de comunicación que se establezcan en él son factores prioritarios para la formación de hábitos de salud bucodental: el ambiente cultural, la clase social, el estilo de vida, la escuela, los amigos son parte de la amplia gama de influencias del medio.

La educación y una correcta información sobre los cuidados bucodentales proveen la bases necesarias para que el individuo pueda superar prácticas inadecuadas, innatas o adquiridas, que no contribuyen al mejoramiento de su salud. Es precisamente en este proceso de educación, en el cual la comunicación cumple un papel preponderante, ya que su empleo correcto asegura que el mensaje se construya con base en las necesidades y características propias del grupo al cual se dirige, favoreciendo su recepción y la asimilación de los conocimientos que se transmiten.

> **Desde 1988, toda la sal que se consume en el país está fluorurada. Con este programa se pretende disminuir la caries dental en un 60%, aproximadamente, para el año 2000.**

2. SITUACIÓN DEL PROBLEMA: ADOPCIÓN DE UNA FILOSOFÍA PREVENTIVA

Las políticas en materia de salud se han orientado, por lo general, hacia la cura de las enfermedades. Sin embargo, lineamientos propuestos por organismos internacionales con la Organización Internacional de la Salud, la UNICEF y la UNESCO tienen como objetivo la atención de las enfermedades y dentro de ellas, el mantenimiento de la salud bucodental.

La adopción de estas políticas preventivas de salud se produce en un momento en que el país atraviesa una difícil situación económica.

Los convenios firmados con el Fondo Monetario Internacional, el Banco Mundial y la Agencia Internacional para el Desarrollo implican una serie de condiciones que el país debe cumplir como por ejemplo, la reducción de funciones, reducción de presupuestos y de algunos servicios que brinda el Estado entre ellos, la salud.

En el país, las instituciones encargadas de la salud son el Ministerio de Salud y la Caja Costarricense del Seguro Social.

"El Ministerio de Salud se ocupa de los programas de atención primaria y medicina preventiva, y la Caja, de la atención individual desde el punto de vista asistencial" (Miranda, 1988: 59).

Como parte de sus programas preventivos, el Ministerio de Salud desarrolla desde 1974, dentro del programa de Odontología Preventiva, un subprograma de educación y prevención (Subprograma de educación y prevención, s.f.e.), con el propósito de promover la salud bucodental y aplicar medidas preventivas. El programa se divide en dos fases:

1. El control de la placa, que es realizado por funcionarios de Ministerio de Salud. Consiste en enseñarle al niño en qué lugar se acumula la placa bacteriana para que pueda removerla.

> **La mayoría de las personas no ven la prevención como parte de la salud integral. Lo que no es de extrañar, si se toma en cuenta que no se ha brindado una educación que favorezca la práctica preventiva.**

2. Autoaplicación o enjuagues con fluoruros. Consiste en un enjuague con fluoruros que realizan las maestras de los centros educativos, una vez a la semana.

Otra medida preventiva, que se ha puesto en práctica es la fluoruración de la sal. Desde 1988, toda la sal que se consume en el país está fluorurada. Con este programa se pretende[6] disminuir la caries dental en un 60%, aproximadamente, para el año 2000.

La Caja Costarricense de Seguro Social, por su parte, desarrolla programas de medicina preventiva en el ámbito de la comunicación. Se trata de educar al costarricense y, como se sabe que modificar hábitos es una tarea difícil, los programas están diseñados para ver sus resultados a largo plazo.

El sector privado, también ha dado su aporte. Un ejemplo es el de la empresa Colgate Palmolive que lleva a cabo programas preventivos en colaboración con el Ministerio de Salud. Aunque su principal objetivo es promocionar sus productos y mantener así su buena imagen, la empresa contribuye a educar para la prevención. Los cepillos[7] dentales que se utilizan en el programa de enjuagues con fluoruros que realiza el Ministerio de Salud, son donados por Colgate Palmolive.

Esta empresa imparte charlas en varios centros educativos del país. En ellas se explican las técnicas correctas del cepillado, entre otros temas. Regalan cepillos dentales, dentífricos y pastillas reveladoras, así como material informativo sobre diferentes temas.

Todos estos esfuerzos contribuyen a educar a la población para prevenir las enfermedades bucodentales. Sin embargo, es una tarea difícil por lo que la comunica-

---

6. se intenta como objetivo   7. instrumento para lavarse (cepillarse) los dientes

ción interpersonal, grupal y masiva contribuye un excelente medio para difundir y educar, debido a sus amplias posibilidades de cobertura[8].

3. COMUNICACIÓN Y EDUCACIÓN

Comunicación y educación están íntimamente ligadas, pues en un proceso de enseñanza del individuo, el emisor se convierte en receptor y viceversa. De acuerdo con Daniel Prieto en su libro *Comunicación y educación*:

"Un docente, una escuela, un sistema educativo, actúan siempre, lo sepan o no, como emisores. Pero a la vez lo hacen los alumnos, los padres de familia, la comunidad en general. Todo esto implica un círculo muy complejo de emisiones y percepciones. Un conocimiento en profundidad del proceso de comunicación resulta más que útil para quienes actúan en el campo educativo" (Prieto, 1988: 31).

Así, el educador y los padres pueden enseñar buenos hábitos de higiene a sus hijos, pero la experiencia de éstos puede hacer que el proceso se invierta y sean los niños quienes eduquen a los adultos, ya que

> La voluntad de los niños debe educarse para que poco a poco conviertan las tareas indispensables en costumbre y comprendan que su práctica es una necesidad cotidiana que tiene como fin su propio beneficio.

al igual que la comunicación, la educación es un proceso en constante movimiento.

4. EDUCAR PARA LA SALUD: EL NUEVO RETO DE COMUNICACIÓN

La educación para la salud preventiva es un proceso que debe ayudar a la persona a adquirir un conocimiento, a desarrollar una actitud y una práctica dirigida a promover, proteger y conservar la salud individual y familiar.

"El concepto de prevención se considera con respecto al individuo y no simplemente a la enfermedad o al órgano involucrado[9]" (Katz 1985: 37).

La mayoría de las personas no ven la prevención como parte de la salud integral. Lo que no es de extrañar, si se toma en cuenta que no se ha brindado una educación que favorezca la práctica preventiva.

En el caso de las enfermedades bucodentales, aplicar el concepto preventivo es aún más difícil porque tradicionalmente, la práctica de la odontología ha seguido una filosofía restauradora; es decir, el paciente acude al especialista sólo cuando tiene dolor o alguna enfermedad. De igual manera, el odontólogo no se ha preocupado por inculcar en el individuo la filosofía preventiva.

---

8. alcance, influencia   9. implicado, en cuestión

Esto se debe a que él tampoco ha sido educado en cuanto a prevención, pues ni la Universidad de Costa Rica, como ente formador, ni el Colegio de Cirujanos Dentistas como ente regulador, se han pronunciado en favor de una educación preventiva.

Con el objetivo de educar para la salud se desarrollan campañas de comunicación que fomenten conocimientos, técnicas o cuidados que prevengan las enfermedades y, para este caso especial, de salud bucodental.

La campaña que se desarrolla en el Proyecto de Graduación "Campaña para la prevención de la caries infantil: un aporte al nuevo reto[10] de comunicación" (Arguedas, Bonilla y Chávez, 1991) se dirige a los niños, pues los buenos hábitos se deben inculcar en el individuo desde sus primeros años. Este esfuerzo de educación compete, además, a educadores, padres de familia, instituciones de salud y al sector privado, ya que inculcar buenos hábitos de higiene en los menores es una tarea difícil, lo que hace necesario educarlos desde muy corta edad y con un refuerzo permanente y constante.

> **El estudio demuestra, en general, que los niños entrevistados poseen "malos" hábitos de higiene bucodental y comprueba que los esfuerzos realizados por cambiar esa conducta han resultado infructuosos.**

"La educación, por lo tanto, debe ocupar un lugar privilegiado para la adquisición de los hábitos... La voluntad de los niños debe educarse para que poco a poco conviertan las tareas indispensables en costumbre y comprendan que su práctica es una necesidad cotidiana que tiene como fin su propio beneficio" (Arguedas, Bonilla y Chávez, 1991: 113).

En lo que a salud bucodental se refiere, los buenos hábitos de higiene no deben traducirse en una tarea desagradable y molesta sino por el contrario, en una actividad placentera.

Los padres deben ser los primeros en enseñar a sus hijos buenos hábitos y los responsables de reforzar la práctica de los mismos. Es necesario que se predique con el ejemplo, así el menor adoptará la responsabilidad desde pequeño.

Es necesario tener presente que la educación no consiste sólo en informar sino más bien en formar al individuo. No obstante el educador no es consciente de ello y hace del niño un receptor pasivo (que solamente recibe información). "Educar es un proceso, que tiene por objeto un sujeto acti-

---

10. desafío

vo que es educado pero a su vez está en capacidad de educar" (Ibid: 109).

Esto ha dado paso a una publicidad de tipo social, cuya meta es promocionar una idea que amplía el conocimiento del público meta, orienta la conducta, modifica una creencia y/o propicia una acción, que redunda en beneficio del que la adopte.

En el caso de la prevención de la caries infantil, la idea que se está "promocionando", desde el punto de vista publicitario, busca en principio, modificar y/o cambiar una conducta: lograr en el niño una actitud positiva hacia los buenos hábitos de higiene bucodental.

Para lograr ese objetivo se propone una campaña de comunicación que se desglosa[11] a continuación, de manera general.

> **Aunque un 60,41% de los pequeños dicen que lavan sus dientes tres veces al día, esto no implica que lo hagan después de cada comida, que es lo aconsejable. Para el niño, la práctica del cepillado es aburrida y tediosa.**

mientos, actitudes, prácticas, necesidades, deseos, hábitos son la plataforma sobre la que se construyen los diferentes mensajes.

No se justifica, por lo tanto, la elaboración de un mensaje sin una investigación que permita determinar y conocer las particularidades del grupo al que piensa dirigirse.

En el caso de la campaña de prevención sobre salud bucodental, la investigación acerca del grupo meta tiene como objetivo: conocer qué saben los niños sobre higiene bucodental y cuáles de estos conocimientos se ponen en práctica.

Para este estudio se utiliza un cuestionario semiestructurado, que se aplica a una muestra estadística que consiste en 445 niños del primer ciclo de enseñanza primaria (primero, segundo y tercer grado) de quince escuelas del Área Metropolitana de San José.

En la aplicación de la entrevista se presentan varios obstáculos como el cierre[12] anticipado del ciclo lectivo en algunas escuelas, grupos con una cantidad de niños menor a la que se registra en el Ministerio de Educación y la indisposición de los directores de algunos centros educativos, entre otros; lo que reduce el número de

5. LA ESTRATEGIA DE COMUNICACIÓN: UN REFLEJO DEL CONOCIMIENTO DEL PERCEPTOR

5.1. EL TRABAJO DE CAMPO

Para que un mensaje sea percibido y asimilado por el grupo meta, éste debe reflejar la realidad de sus destinatarios. Sus conoci-

---

11. se divide en partes, separa en secciones   12. término, fin

entrevistas finales. (Algunos datos e información obtenida del estudio de campo se presenta a continuación).

El cuestionario se aplica a 293 estudiantes, de los cuales 149 (50,85%) son hombres y 144 (49,15%) son mujeres. Las edades de los entrevistados varían entre los seis y los doce años.

El grupo entrevistado pertenece en general a hogares de escasos recursos, donde el padre se dedica a trabajos de tipo artesanal: manufactura, comercio al por mayor y al detalle, o es empleado de instituciones autónomas.

Por su situación económica, el grupo no tiene fácil acceso a los servicios médicos privados y por ende[13] al servicio odontológico, que resulta oneroso[14].

"El estudio demuestra, en general, que los niños entrevistados poseen 'malos' hábitos de higiene bucodental y comprueba que los esfuerzos realizados por cambiar esa conducta han resultado infructuosos"(Ibid, 1991: 106).

Prueba de ello es que un 53,58% de los niños entrevistados saben que las golosinas dañan los dientes; sin embargo, el 100% de ellos las consumen.

Por otra parte, todos los niños conocen la técnica correcta del cepillado "los dientes de abajo se cepillan hacia arriba, los de arriba hacia abajo y las muelas en forma circular", no obstante, a la hora de lavarse los dientes, se cepillan de forma incorrecta. Lo anterior demuestra que el niño conoce la técnica, pero no la utiliza en la práctica cotidiana.

Para que esta práctica se interiorice, es necesario educar al niño desde muy corta edad. La responsabilidad corresponde a ambos padres, sin embargo, el papel de educadora familiar se le ha asignado socialmente a la madre. De los 293 niños entrevistados, a un 65,87% su madre le enseñó a lavarse los dientes contra un 10,24% (ver gráfico 3) a quienes les enseñó su papá.

En el estudio realizado entre los niños se logra comprobar que los programas preventivos que lleva a cabo el Ministerio de Salud (enjuagues con fluoruros y control de placa) se aplican en las diferentes escuelas del sector central de San José. En todas las instituciones en las que se efectúan las entrevistas, se realizan los enjuagues con fluoruros.

> **El cepillado de los dientes se asume como una práctica aburrida e incómoda, que el niño hace lo posible por evadir. Además, la mayoría de los adultos la ven como una costumbre que refresca el aliento, es decir, un hábito cosmético y no como un medio para prevenir enfermedades.**

---

13. por lo tanto, en consecuencia   14. muy costoso

A pesar de que los enjuagues son una práctica generalizada, el 9,22% de los niños aseguran no haberlo hecho, unos no los recuerdan y otros no trajeron de su casa el vaso necesario para realizarlos.

De igual manera, el 20,14% de la población entrevistada dice no haber recibido charlas sobre el cuidado de los dientes, lo que es una contradicción pues el programa de enjuagues con fluoruros está precedido de una charla que imparten asistentes dentales del Ministerio de Salud.

Aunque el 100% de los entrevistados afirman cepillarse los dientes (sin distinción de edad) y tienen conocimientos y posibilidades, no es una práctica cotidiana en el grupo meta. La respuesta afirmativa no es del todo confiable, pues el niño puede decir lo que el adulto quiere oír. Se debe recordar que "lo bueno" y "lo verdadero" es lavarse los dientes, "lo malo" y "lo falso" es no hacerlo y el niño por quedar bien o por temor a que no aprueben su acción, tergiversa su respuesta.

Por otro lado, se aprecia un hábito inadecuado en la limpieza constante de los dientes. Aunque un 60,41% de los pequeños dicen que lavan sus dientes tres veces al día, esto no implica que lo hagan después de cada comida, que es lo aconsejable. Para el niño, la práctica del cepillado no es cotidiana y placentera, sino por el contrario, es aburrida y tediosa. Esta afirmación se hace con base en los gestos y las reacciones de los entrevistados que contradicen su respuesta verbal.

...los padres son los primeros educadores, por lo que la labor de fomentar buenos hábitos corresponde a ambos y no sólo a la madre, como ocurre generalmente.

En síntesis, el estudio demuestra que las campañas anteriores sobre salud bucodental han provocado en el niño cambios cognoscitivos que no se traducen necesariamente en la práctica. El reto, ahora, es convertir ese conocimiento en hábitos permanentes que contribuyan al mejoramiento de la salud.

5.2. LA ESTRATEGIA DE COMUNICACIÓN

La estrategia de comunicación se elabora con base en la información obtenida en el trabajo de campo. Presenta varios aspectos y características importantes desglosados de la siguiente manera:

Tema: Prevención de la caries infantil.

Subtema: El cepillado dental después de cada comida como factor preventivo de la caries.

Idea Central: Exhortar a los niños de primero, segundo y tercer grado de enseñanza primaria del Área Metropolitana de San José, a prevenir la formación de la caries por medio del cepillado dental después de cada comida.

5.2.1. Características de la estrategia de comunicación.

La estrategia de comunicación persigue:

1. Mostrar que la caries es dañina.
2. Proponer la solución al problema o conflicto que se genera.

Se considera más efectivo presentar las consecuencias del problema a que el niño tenga que imaginarlas por sí mismo, si sólo se le sugieren. Es por ello, que la campaña hace énfasis en lo que le puede ocurrir al público si no se cepilla los dientes.

A pesar de que el problema de la caries se previene con varios procedimientos y tratamientos, el cepillado dental es un recurso importante que hay que tomar en cuenta. Por lo tanto, se propone como una solución viable al conflicto planteado.

Se debe tener presente que una campaña educativa pretende ubicar[15] al perceptor en la realidad, de tal forma que logre sensibilizarse frente al problema.

Con los objetivos anteriores, se le dice al niño que si no se cepilla los dientes sufrirá de lesiones de caries. Es decir, se pone al niño frente a las consecuencias con el fin de motivarlo a adquirir una práctica: cepillarse los dientes después de cada comida.

> **El odontólogo debe ocupar un lugar muy activo en la labor de educación para prevenir enfermedades bucodentales. Puede enseñar al paciente y aplicarle los tratamientos preventivos que requiera para mantener su salud.**

La campaña no muestra la técnica correcta de cepillado, ya que las campañas anteriores hacen énfasis en ello. Además, el trabajo de campo demuestra que el niño ha interiorizado la técnica de cepillado, pero el problema es que no la practica. Es por ello que esta campaña tiene como fin principal servir de apoyo a los esfuerzos educativos que realizan las instituciones de salud en el país.

5.2.2. Percepción del hábito

El cepillado de los dientes se asume como una práctica aburrida e incómoda, que el niño hace lo posible por evadir. Además, la mayoría de los adultos la ven como una costumbre que refresca el aliento, es decir, un hábito cosmético y no como un medio para prevenir enfermedades.

5.2.3. Público meta

La campaña va dirigida a niños de ambos sexos con una edad comprendida entre los 6 y los 9 años aproximadamente; cursan primero, segundo o tercer grado de enseñanza primaria; viven en el Área Metropolitana de San José; pertenecen a una clase baja y media; tienen

---

15. colocar en un lugar

una actitud negativa o indiferente hacia el hábito del cepillado de los dientes.

5.2.4. Promesa básica de la campaña

El cepillado de los dientes después de cada comida es una de las formas más efectivas, fáciles y económicas de prevenir la aparición de la caries dental.

Frase publicitaria:

Cepillate los dientes después de cada comida.

5.3. Las tácticas de comunicación

El enfoque publicitario de la campaña es instintivo racional, con el fin de que el niño comprenda la importancia del cuidado de los dientes.

En la campaña se utiliza "el voseo" como forma de lenguaje; esto con el propósito de contribuir al rescate de una característica propia costarricense.

La campaña consta de material audiovisual, radiofónico e impreso.

5.3.1. Televisión

En televisión se presentan dos cortos, uno de quince segundos y uno de treinta.

1. Versión dolor. Esta versión tiene una duración de quince segundos y presenta una de las consecuencias de la enfermedad: el dolor.

2. Versión dientes limpios. Este corto tiene una duración de treinta segun-dos, se le explica al niño la importancia del cepillado de los dientes por medio de la antítesis dientes sucios/dientes limpios.

5.3.2. Radio

El material radiofónico se compone de dos cuñas[16] de treinta segundos cada uno. Está dirigido a los padres de familia, que son los principales responsables e influenciadores sobre los cuidados de higiene bucodental de sus niños.

Las cuñas hacen énfasis en el papel de ambos padres para mantener la buena salud de sus hijos.

1. Versión responsabilidad. En esta cuña se resalta la responsabilidad que tienen ambos padres en la buena salud dental de sus hijos.

2. Versión recordación. En ella, son los niños los que piden a sus padres que les recuerden que deben cepillarse los dientes después de cada comida.

5.3.3. Impresos

El material impreso consta de un afiche[17], dos calcomanías[18] y dos desplegables[19].

Afiche. El afiche es un apoyo a los cortos de televisión. La versión que se presenta se denomina "Cepillado". Tiene un tamaño de 16 x 22 pulgadas.

Con esta versión se pretende recordar al niño la importancia de combatir la formación de caries dental. En el afiche, esta

---

16. breve espacio publicitario en un medio de transmisión   17. póster   18. entretenimiento que consiste en pasar de un papel a otro imágenes coloridas   19. folleto que viene doblado, pero que se puede desdoblar, extender y volver a doblar

acción se asocia con el "cepillazo" que le dan los niños a la caries.

Calcomanía. La calcomanía es un material de apoyo a la campaña. Su función principal es recordar al público meta el cepillado diario de los dientes.

Este material en especial, se diseña con base en los gustos de los niños entrevistados ya que coleccionar calcomanías es uno de sus pasatiempos favoritos.

Desplegables: Se presentan dos desplegables con información sobre el tema: un díptico y un tríptico.

El segundo desplegable, el tríptico, contiene de forma más amplia, los consejos o pasos a seguir para prevenir la aparición de la caries dental, tanto en niños como en adultos: importancia del cepillado, uso de hilo dental, una buena alimentación, los enjuagues con fluoruros y la visita al odontólogo.

Están dirigidos al público en general y son parte de un mismo juego; el primero remite a la lectura del segundo.

Esta campaña es parte de un esfuerzo que comienza a surgir. Se dirige a los niños porque es precisamente a ellos a quienes hay que educar. Si bien es cierto que la educación es un proceso continuo, es en los primeros años cuando se puede formar al individuo con más facilidad.

6. Conclusiones y recomendaciones

Educar para la salud no es una tarea sencilla porque los lineamientos del sector salud han estado orientados hacia la cura de las enfermedades y no hacia su prevención.

La grave crisis económica que enfrenta el país y las políticas sobre salud que dictan los organismos internacionales como la UNESCO y la Organización Mundial para la Salud, hacen que el país adopte medidas preventivas, las cuales se han tenido que ir implantando poco a poco, lo que representa un cambio en la estructura de las instituciones que conforman el sector salud.

Para lograr esto, es necesario vencer el problema que representa la burocracia estatal, que impide alcanzar eficiencia y buenos resultados. Esto implica reorganizar y coordinar las diferentes instituciones del sector salud, con el fin de unir esfuerzos y facilitar las labores de cada una de esas instituciones.

Asimismo, se hace necesario educar a quienes educan a la población, es decir, se debe crear conciencia de que la educación no corresponde sólo al educador, sino que es una labor conjunta que compete también a las instituciones de salud, a la familia y a los medios de comunicación, lo que hará que el individuo logre introyectar y poner en práctica una verdadera y correcta educación integral.

Esto cobra validez cuando se trata de fomentar hábitos de higiene y sobre todo cuando se habla de hábitos de higiene bucodental, pues a éstos se les considera hábitos cosméticos que no requieren atención ni cuidado porque no representan peligro.

En este sentido, los padres son los primeros educadores, por lo que la labor de fomentar buenos hábitos corresponde a ambos y no sólo a la madre, como ocurre generalmente.

La forma de pensar del costarricense unido a los problemas económicos que afectan al sector salud han fomentado un cambio hacia la filosofía preventiva de las enfermedades. En la Caja Costarricense de Seguro Social se han diseñado campañas que tienen como fin educar a la población para que prevenga las enfermedades.

El Ministerio de Salud, por su parte, ha desarrollado diferentes programas preventivos. Sin embargo, muchas veces, el personal encargado de dichos programas no posee las aptitudes ni la disposición necesarias para cumplirlos a cabalidad[20].

Es importante que se evalúen y reestructuren las charlas que se imparten en las escuelas, de manera que su contenido y forma de transmitir los conocimientos se adecúen a las necesidades del joven público al que se dirigen.

Para el programa de enjuagues con fluoruros es necesario que se establezca un compromiso formal entre el Ministerio de Salud y el de Educación con el fin de que los maestros cumplan fielmente con el programa.

El odontólogo debe ocupar un lugar muy activo en la labor de educación para prevenir enfermedades bucodentales. Puede enseñar al paciente y aplicarle los tratamientos preventivos que requiera para mantener su salud. Es por ello que se hace necesario fomentar, en el gremio odontológico, la práctica preventiva.

Como se mencionó en un inicio, modificar y/o cambiar un hábito es una tarea difícil, por lo que a esta campaña sobre salud bucodental deben unirse otras que eduquen a la población no solo en salud odontológica, sino en salud integral.

---

20. en su totalidad

REFLEXIÓN

A. Concentrése aquí en escribir *un resumen o condensación* objetiva del artículo anterior. Como ya sabe, un resumen objetivo expone brevemente el asunto central del artículo; no lo interpreta ni concluye nada.

   Recuerde que este tipo de resumen tiene un fin específico: informar al lector de la esencia de un trabajo.

VOCABULARIO ÚTIL PARA ESCRIBIR UN RESUMEN:

Se conoce el autor por…

El artículo se organiza de la siguiente manera:…

El trabajo consta de cinco partes distintas…

El objetivo fundamental es…

Otra característica del trabajo es…

B. Observe que en estas expresiones por lo general se usa el presente. Responda a estas preguntas al escribir un resumen de "Salud y comunicación social":

   1. ¿Cuál es la tesis del artículo?
   2. ¿Cuál es su finalidad?
   3. ¿A qué clase de lector se dirige?
   4. ¿Cómo está estructurado?
   5. ¿Qué información contiene?

III. REDACCIÓN

Un trabajo de investigación generalmente reúne datos procedentes de diversas fuentes y opiniones de varios expertos; por lo tanto, es imprescindible organizarse meticulosamente antes de trazar un bosquejo. A continuación se presentan los pasos del proceso:

1. Identificar el área que le interesa.
2. Hallar información en la biblioteca y consultar con el profesor.
3. Limitar el tema según la información disponible.
4. Preguntarse qué necesita saber el lector y concentrarse en esa materia.
5. Leer todo el material posible relativo al tema y tomar notas.
6. Organizar las notas en un bosquejo; repasar el borrador y verificar el contenido.

7. Escribir el borrador.

8. Tomar nota de la bibliografía consultada, que se incluirá en un apéndice.

9. Pedir los comentarios de un miembro de la clase.

10. Hacer las correcciones.

11. Preparar la revisión.

A continuación nos concentraremos en algunos de los pasos principales.

BOSQUEJO

Para la redacción de un informe técnico es esencial contar con un bosquejo muy claro y bien organizado. Es preferible organizar primero la información en tarjetas que puedan manipularse fácilmente. Básicamente, un trabajo de este tipo se organiza de la siguiente manera:

• Delinear el tema general del trabajo

• Escribir los componentes y datos esenciales del tema

• Presentar las investigaciones y juicios de expertos en el tema

• Conclusión

No olvide anotar los datos necesarios de cada fuente de información. Evitará el inconveniente de buscar esa información desesperadamente en el último momento.

Prepare un bosquejo lo más completo posible con el profesor. Podrá así evitar problemas mayores más adelante cuando prepare el borrador.

BORRADOR

Escriba el borrador, expresándose con **claridad** y **objetividad.** Sus lectores no saben lo que usted piensa; sólo tienen su manuscrito. Incluya en el borrador toda la información necesaria y justifíquela con datos concretos. Consulte el uso de voz activa, voz pasiva, forma impersonal y otras expresiones de objetividad que se presentaron en este capítulo.

COMENTARIOS

Es muy importante que otras personas lean su borrador. Pida a otros miembros de su clase que califiquen su borrador teniendo en cuenta la guía siguiente:

Contenido

Trabajo excelente. El escritor ha elegido un tema interesante y ha desarrollado la información con mucho cuidado. Hay suficiente detalle y justificación para cada propósito. En el lector no queda ninguna duda ni confusión.

Trabajo incompleto. Falta información. Se necesita desarrollar más el tema. Hay escasa justificación para algunos propósitos. Hay información que no tiene ninguna relación con el tema.

Comentario adicional.

Organización

Trabajo excelente. La presentación de ideas es lógica, clara y fluida. Cada frase brota de la frase anterior. Cada párrafo tiene un punto central; la información contenida en el párrafo contribuye a ese propósito.

Trabajo incompleto. El lector no entiende algunos mensajes. Las ideas son confusas o carecen de orden lógico. No se puede identificar la organización del borrador. No se puede evaluar; el trabajo es muy corto.

Comentario adicional.

Vocabulario

Trabajo excelente. El vocabulario es preciso, claro y apropiado para la materia. No hay anglicismos.

Trabajo incompleto. El vocabulario es demasiado simple o impreciso. El discurso es confuso a causa de los errores y/o anglicismos que se encuentran en el borrador.

Comentario adicional.

Gramática, ortografía, puntuación

Trabajo excelente. Uso correcto de las estructuras. Pocos errores estructurales o gramaticales.

Trabajo incompleto. Frases incomprensibles. Numerosos errores de gramática y/o de ortografía, puntuación.

Comentario adicional.

IV. Síntesis

Los principios para la redacción del informe técnico son muy similares tanto si se escribe en inglés como si se hace en español, aunque le llevará mucho más tiempo completar un buen trabajo si el español no es su lengua materna o si tiene poca experiencia en escribir en este idioma. La familiarización con la literatura disponible, su lectura, organización y el escribir una redacción final es un proceso que requiere suma dedicación, pero resulta de gran valor para mejorar sus habilidades de redacción. Se espera que el esfuerzo realizado en este capítulo sea de suma utilidad para el estudiante en sus próximos cursos de nivel avanzado.

❦❦ CAPÍTULO 10 ❦❦

INTRODUCCIÓN AL ENSAYO

I. GÉNERO: EL ENSAYO

Una de las mayores satisfacciones de especializarse en español es poder disfrutar de la lectura y posterior análisis de textos escritos en esta lengua. El esfuerzo de leer una obra literaria en otro idioma se ve premiado al entrar en un nuevo y vasto mundo de deleites y dolores de la imaginación humana. La finalidad de este capítulo es familiarizar al estudiante con técnicas de redacción de ensayos en los que se analicen obras en español. En este capítulo se hará hincapié en el alcance de la lectura y la claridad de la presentación.

Para muchos, la lectura constituye una forma de escapar de la realidad y sumergirse en un mundo imaginario.

En esta introducción al ensayo, el estudiante aprenderá ciertos términos literarios básicos y técnicas claves para escribir ensayos. También practicará la identificación de elementos del cuento como son la acción, los personajes y su función en la historia, tras lo cual propondrá una tesis que deberá defender con citas del mismo texto. Como proyecto final del capítulo, el estudiante deberá leer y analizar una breve obra de su elección, tras haber examinado los pasos necesarios para la redacción de ensayos sobre obras literarias. Este trabajo deberá planearse teniendo en consideración el programa de literatura del departamento de español, de manera que al estudiante le sea de utilidad en estudios futuros.

II. OBSERVACIÓN

PREPARACIÓN

A. Usted recordará que en el Capítulo 6: *El cuento tradicional,* en el cual el estudiante se preparó para crear una obra de ficción, se señaló que el autor de ficción debe decidir la estructura y elementos de su historia. Explique, en sus propias palabras, el significado de estos términos literarios relativos a la estructura y elementos del cuento:

1. tema versus contenido
2. argumento/trama
3. acontecimientos
4. comienzo
5. conflicto
6. desenlace

B. Aquí nos dedicaremos principalmente a examinar más términos literarios relacionados con el cuento. Lea el siguiente párrafo y explique el significado de las palabras en cursiva según el contexto:
Este capítulo ofrece dos modelos del género literario llamado cuento. El cuento, una *obra ficticia,* se destaca principalmente por su *brevedad;* el *cuentista* quiere que el lector alcance el *efecto deseado* en una sola sentada. Por eso, asociamos con el cuento las palabras *compresión* e *intensidad.* El *argumento* de un cuento suele depender de un solo acontecimiento que tiene gran importancia en la vida del *protagonista* o de los *personajes* en general. Por la brevedad del género, en el cuento no se pueden *desarrollar* mucho los personajes.

C. Comente un cuento que conoce bien, empleando todos los términos mencionados. Si otra persona de la clase ha escogido el mismo cuento, comparen su descripción.

CH. Como muchos cuentos de Enrique Anderson Imbert, los cuentos modelo de este capítulo emplean modos de lo sobrenatural. En grupos de dos o tres, discutan las siguientes preguntas:

1. ¿Cuándo es la verdad más inexplicable que la ficción?

2. ¿Cuál es su reacción ante los titulares de la revista americana *National Enquirer?* ¿Cómo se explica la popularidad de esta revista?

3. ¿Le ha ocurrido en alguna ocasión algo que se resiste a toda explicación?

4. Para usted, ¿hay una intersección entre lo religioso y lo sobrenatural?

5. ¿Cree usted en milagros?

"El cigarrillo"
Enrique Anderson Imbert

Al argentino Enrique Anderson Imbert se le considera uno de los mejores cuentistas del siglo XX. Además, ha escrito novelas de ficción e históricas y crítica literaria. El siguiente cuento se publicó en 1961 en *El grimorio*.

ENRIQUE ANDERSON IMBERT
"El cigarrillo"

El nuevo cigarrero del zaguán[1] —flaco, astuto— lo miró burlonamente al venderle el atado[2].

Juan entró en su cuarto, se tendió en la cama para descansar en la oscuridad y encendió en la boca un cigarrillo.

Se sintió furiosamente chupado[3]. No pudo resistir. El cigarrillo lo fue fumando con violencia; y lanzaba espantosas bocanadas[4] de pedazos de hombre convertidos en humo.

Encima de la cama el cuerpo se le fue desmoronando[5] en ceniza[6], desde los pies, mientras la habitación se llenaba de nubes violáceas[7].

---

1. entrada de un edificio   2. paquete de cigarrillos   3. consumido, sin fuerzas   4. humo que se exhala por la boca cuando se fuma   5. deshaciéndose, desarmándose pedazo a pedazo   6. sustancia de color gris en que se convierte algo luego de haber sido consumido por el fuego   7. de color violeta o parecido

REFLEXIÓN

A. Verifique su comprensión: escriba el cuento en sus propias palabras y después lea el cuento original de nuevo.

B. ¿En qué momento introduce Anderson Imbert **el conflicto** del cuento? ¿Hay una palabra en particular que llame la atención al lector?

C. Escriba o comente con otros el efecto que ha tenido sobre usted la lectura del breve cuento anterior.

CH. Reúnase con otro estudiante de la clase para inspirarse y escribir un cuento muy breve al estilo de "El cigarrillo". Consideren todas sus ideas, escojan la mejor, y luego escriban el cuento. Pónganle un título semejante al de "El cigarrillo". Intercambien su cuento otro grupo y luego hagan comentarios en un grupo grande.

MÁS PREPARACIÓN

A. Sigamos con la ampliación del vocabulario literario y analicemos más términos literarios. Probablemente, reconocerá estos conceptos del estudio de la literatura americana e inglesa.

En un ensayo sobre los aspectos de un cuento deben considerarse los siguientes elementos:

1. **La estructura de la narración:** el modelo tradicional de narración consta de comienzo, conflicto y desenlace. La función principal del comienzo consiste en la exposición de una situación de cierta inestabilidad. El conflicto y su resolución terminan en el desenlace, o sea, el resultado de la historia (Véase una explicación más amplia en el Capítulo 6: *El cuento tradicional.*)

2. **La trama/el argumento:** la trama (o argumento) es la organización de los acontecimientos de acuerdo con el orden en que se producen en el relato.

3. **Los personajes:** representantes de seres reales o imaginarios en una obra ficticia. Al leer una novela, por ejemplo, es necesario preguntarse: "¿Qué contribuye este personaje a la obra? ¿Cuáles son sus rasgos dominantes?"

4. **El marco temporal:** (1) lugar geográfico, (2) lugar de la vida diaria de los personajes, (3) período histórico, estación, hora del día, y (4) ambiente religioso, moral, intelectual, social y emocional.

5. **El punto de vista:** el punto de vista en el contexto de una obra ficticia **no** significa opinión o actitud; tampoco significa la vista que se puede tener desde cierto punto físico. Por el contrario, *punto de vista* indica una de las varias opciones de narrar un cuento: se puede contar un cuento **desde adentro** o **desde afuera.** Muchas veces el cuento narrado **desde adentro** tiene como narrador uno de los personajes del cuento mismo. Este punto de vista de **primera persona** emplea el pronombre personal **yo** cuando el narrador habla de sí mismo. (No confunda a narrador y autor: el autor crea el narrador, y el narrador relata la historia.) La narración **desde afuera** está escrita en tercera persona. El narrador no es un personaje del cuento y no usa el pronombre **yo.** También hay que distinguir entre el **narrador omnisciente** quien sabe todo lo que sucede, y el **narrador limitado** quien sólo conoce la parte de la historia que a él le atañe. Cuando un cuento se narra desde el punto de vista del protagonista (narrador limitado), por ejemplo, vemos sólo lo que ve el protagonista desde su propia perspectiva.

6. **La organización:** existen varias maneras de contar un cuento. Se puede, por ejemplo, comenzar un cuento empleando la técnica de describir la escena preliminar. Esta técnica llama la atención del lector por su intensidad de presentación. Otra técnica es la del panorama, que consiste en establecer claramente un contexto, tiempo y espacio.

7. **El estilo y el tono:** el estilo de una obra de ficción es la expresión de la mente y la personalidad de su autor mediante su uso característico del lenguaje.

8. **El tema:** recuerde que el autor toma la decisión de hablar de cierto tema en una obra de ficción: el mensaje o la idea central de la obra.

   En una obra de mayor extensión como es la novela, deben considerarse los mismos elementos, con la diferencia de que en la novela al autor tiene ocasión de desarrollar más la acción y el carácter de los personajes.

B. Seleccione una obra de ficción que conoce bien. Tome notas para redactar una breve descripción de la obra teniendo en cuenta los elementos anteriores.

C. Utilice la memoria y las notas que ha tomado para analizar los elementos de la obra seleccionada en el ejercicio B. ¿Qué elementos le resultaron más fáciles o más difíciles de analizar? ¿Todavía le falta vocabulario para comentar obras literarias? ¿Le ayuda la memoria? De los elementos 1-8, en general, ¿cuál es para usted el más importante en una obra de ficción? ¿Qué le interesa más, la acción o los personajes? Explique su respuesta.

LECTURA 2

ENRIQUE ANDERSON IMBERT
"El leve Pedro"

Durante dos meses se asomó a la muerte. El médico refunfuñaba que la enfermedad de Pedro era nueva, que no había modo de tratarla y que él no sabía que hacer... Por suerte el enfermo, solito, se fue curando. No había perdido su buen humor, su oronda[1] calma provinciana. Demasiado flaco y eso era todo. Pero al levantarse después de varias semanas de convalecencia se sintió sin peso.

—Oye —dijo a su mujer— me siento bien, pero ¡no sé!, el cuerpo me parece... ausente. Estoy como si mis envolturas fueran a desprenderse dejándome el alma desnuda.

—Languideces[2] —le respondió la mujer.

—Tal vez.

Siguió recobrándose. Ya paseaba por el caserón, atendía el hambre de las gallinas y de los cerdos, dio una mano de pintura verde a la pajarera bulliciosa y aun se animó a hachar la leña[3] y llevarla en carretilla hasta el galpón[4]. Pero según pasaban los días las carnes de Pedro perdían densidad. Algo muy raro le iba minando[5], socavando, vaciando el cuerpo. Se sentía con una ingravidez[6] portentosa. Era la ingravidez de la chispa, de la burbuja y del globo. Le cos-

---

1. orgullosa, sencilla   2. debilidades, falta de espíritu o energía   3. madera, como ramas de árboles, que se usa para un fuego   4. cobertizo grande   5. consumiendo, arruinando, debilitando   6. característica propia de lo ingrávido (suelto, ligero, liviano como la niebla o la gasa)

taba muy poco saltar limpiamente la verja, trepar las escaleras de cinco en cinco, coger de un brinco la manzana alta.

—Te has mejorado tanto —observaba su mujer— que pareces un chiquillo acróbata.

Una mañana, Pedro se asustó. Hasta entonces su agilidad le había preocupado, pero todo ocurría como Dios manda. Era extraordinario que, sin proponérselo, convirtiera la marcha de los humanos en una triunfal carrera en volandas sobre la quinta[7]. Era extraordinario, pero no milagroso. Lo milagroso apareció esa mañana.

Muy temprano fue al potrero. Caminaba con pasos contenidos porque ya sabía que en cuanto taconeara[8] iría dando botes por el corral. Arremangó[9] la camisa, acomodó un tronco, cogió el hacha[10] y asestó el primer golpe. Y entonces, rechazado por el impulso de su propio hachazo, Pedro levantó vuelo. Prendido todavía del hacha, quedó un instante en suspensión, levitando allá, a la altura de los techos; y luego bajó lentamente, bajó como un tenue vilano de cardo[11].

Acudió su mujer cuando Pedro ya había descendido y, con una palidez de muerte, temblaba agarrado a un rollizo tronco.

" ...subía por el aire inocente de la mañana, subía en suave contoneo como un globo de color fugitivo en un día de fiesta."

—¡Hebe! ¡Casi me caigo al cielo!

—Tonterías. No puedes caerte al cielo. Nadie se cae al cielo. ¿Qué te ha pasado?

Pedro explicó la cosa a su mujer y ésta, sin asombro, le reconvino:

—Te sucede por hacerte el acróbata. Ya te lo he prevenido. El día menos pensado te desnucarás[12] en una de tus piruetas.

—¡No, no —insistió Pedro—. Ahora es diferente. Me resbalé. El cielo es un precipicio, Hebe.

Pedro soltó el tronco que lo anclaba, pero se asió fuertemente a su mujer. Así abrazados volvieron a la casa.

—¡Hombre! —le dijo Hebe, que sentía el cuerpo de su marido pegado al suyo como el de un animal extrañamente joven y salvaje, con ansias de huir en vertiginoso golpe—. ¡Hombre, déjate de hacer fuerza, que me arrastras! Das unas zancadas[13] como si fueras a echarte a volar.

—¿Has visto, has visto? Algo horrible me está amenazando, Hebe. Un esguince, y ya empieza la ascensión.

Esa tarde Pedro, que estaba apoltronado en el patio leyendo las historietas del periódico, se rió convulsivamente. Y con la pro-

---

7. casa de recreo en el campo   8. andar o pisar con arrogancia, haciendo mucho ruido con los tacones
9. recogió hacia arriba las mangas de   10. instrumento que se usa para cortar leña en trozos   11. planta de hojas grandes y espinosas   12. te romperás el cuello   13. pasos grandes

pulsión de ese motor alegre fue elevándose como un ludión[14], como un buzo[15] que se quitara las suelas. La risa se trocó en terror y Hebe acudió otra vez a las voces de su marido. Alcanzó a cogerlo de los pantalones y lo atrajo a la tierra. Ya no había duda. Hebe le llenó los bolsillos con grandes tuercas, caños de plomo y piedras; y estos pesos por el momento dieron a su cuerpo la solidez necesaria para tranquear por la galería y empinarse por la escalera de su cuarto. Lo difícil fue desvestirlo.

Cuando Hebe le quitó los hierros y el plomo, Pedro, fluctuante sobre las sábanas, se entrelazó a los barrotes de la cama y le advirtió:

—¡Cuidado, Hebe! Vamos a hacerlo despacio porque no quiero dormir en el techo.

—Mañana mismo llamaremos al médico.

—Si consigo estarme quieto no me ocurrirá nada. Solamente cuando me agito me hago aeronauta.

Con mil precauciones pudo acostarse y se sintió seguro.

—¿Tienes ganas de subir?

—No. Estoy bien.

Se dieron las buenas noches y Hebe apagó la luz.

Al otro día, cuando Hebe despegó los ojos vio a Pedro durmiendo como un bendi-

---

Al otro día, cuando Hebe despegó los ojos vio a Pedro durmiendo como un bendito, con la cara pegada al techo. Parecía un globo escapado de las manos de un niño.

---

to, con la cara pegada al techo. Parecía un globo escapado de las manos de un niño.

—¡Pedro, Pedro! ...gritó aterrorizada.

Al fin Pedro despertó, dolorido por el estrujón[16] de varias horas contra el cielo raso. ¡Qué espanto! Trató de saltar al revés, de caer para arriba, de subir para abajo. Pero el techo lo succionaba como succionaba el suelo a Hebe.

—Tendrás que atarme de una pierna y amarrarme al ropero hasta que llames al doctor y vea qué es lo que pasa.

Hebe buscó una cuerda y una escalera, ató un pie a su marido y se puso a tirar con todo el ánimo. El cuerpo adosado al techo se removió como un lento dirigible. Aterrizaba.

En eso se coló por la puerta un correntón de aire que ladeó la leve corporeidad de Pedro y, como una pluma, la sopló por la ventana abierta. Ocurrió en un segundo. Hebe lanzó un grito y la cuerda se le escapó de las manos. Cuando corrió a la ventana ya su marido, desvanecido, subía por el aire inocente de la mañana, subía en suave contoneo como un globo de color fugitivo en un día de fiesta, perdido para siempre, en viaje al infinito. Se hizo un punto y luego nada.

---

14. aparatito con que se muestra el comportamiento de los cuerpos sólidos sumergidos en los líquidos   15. uno que bucea, que tiene por oficio trabajar sumergido en el agua   16. el exprimir y apretar

REFLEXIÓN

A. En su opinión, ¿cuál podría ser una traducción al inglés adecuada del título "El leve Pedro"? Compare su traducción con la del resto de la clase, y elijan la mejor.

B. Conviene repasar aquí el vocabulario de la estructura del argumento que vimos en el Capítulo 6: *El cuento tradicional.* Comente con otro estudiante "El leve Pedro" en cuanto a estos términos. Refiérase al texto para apoyar sus decisiones:

1. el comienzo

2. desarrollo:

    —el conflicto

    —la complicación

    —el punto decisivo/el clímax

    —el desenlace

3. el final

C. Identifique otros elementos de ficción de "El leve Pedro". Compare su trabajo con el de otros estudiantes de la clase. Defienda todas las respuestas con citas del cuento:

1. ¿Cómo está organizado el cuento?

2. ¿Cuál es el argumento?

3. ¿Quiénes son los personajes? ¿Quién es el protagonista?

4. ¿Cuál es el marco temporal?

5. ¿Desde qué punto de vista está narrado el cuento?

6. ¿Qué tono emplea el autor?

7. ¿Cuál es el tema de este cuento?

CH. Con otros estudiantes de la clase, identifique el conflicto y la complicación de varios cuentos o novelas, preferiblemente españoles, que ha
leído:

Novela	Conflicto	Complicación
1.		
2		
3.		

D. ¿Qué detalles recuerda de las novelas y cuentos anteriores en cuanto a
los otros elementos de las obras ficción como son el personaje, escenario, estilo, tono, etc.?

E. De todos los personajes que ha conocido en la literatura, ¿cuál ha deja-
do una impresión más vívida en su alma? Explique el motivo e ilústre-
lo con citas de la obra.

III. REDACCIÓN

El estudiante escogerá otro cuento de Anderson Imbert o de otro autor con
ayuda de su profesor. Después de leer el cuento varias veces, el estudiante
elaborará un ensayo sobre él.

BOSQUEJO

Como siempre, el bosquejo se construye paso a paso hasta lograr una organización clara, precisa y lógica. Incluya en su borrador notas acerca de las
siguientes preguntas (no necesariamente en este orden). Incluya por lo
menos una cita del texto que apoye su respuesta:

Categoría	Cita
¿Cuál es el punto de vista?	
¿Qué información tiene el narrador?	
¿Cuál es el tema? Expóngalo en una breve frase.	
¿Qué tono emplea el autor?	
¿Cuál es el marco temporal?	
¿Cómo se organiza el argumento del cuento?	

¿Quién es el protagonista? ¿Quiénes son
los demás personajes?

¿Por qué escribió el cuento así?

(Otras preguntas)

BORRADOR

Ahora, escriba el borrador del ensayo. Recuerde que es necesario apoyar
toda declaración con evidencia del texto.

COMENTARIOS

Al leer el ensayo de otro estudiante, considere las siguientes preguntas.
Escríbale un comentario útil basado en las respuestas:

¿Es interesante el ensayo?

¿Está bien organizado?

¿Ha apoyado el estudiante los comentarios con citas del texto?

¿Ha explicado suficientemente los elementos de ficción que se encuentran
en el cuento?

¿Es apropiado el vocabulario?

¿Es lógica la organización del ensayo?

¿Está familiarizado ahora con el contenido del cuento?

¿El ensayo es claro, preciso y fácil de entender?

REVISIÓN

Teniendo en consideración los comentarios que ha hecho su compañero
sobre su ensayo, revíselo para entregar una versión final al profesor.

IV. SÍNTESIS

La redacción de ensayos sobre obras literarias representa un verdadero
desafío para el estudiante de lenguas extranjeras. Este capítulo es tan sólo
una introducción a la lectura y comentario de las obras clásicas de la literatura hispana, una fuente inagotable de satisfacción a la que se puede dedi-
car años de interesantes y gratos estudios.

TEXT CREDITS

PHOTO CREDITS